卒対(ソツタイ)
を楽しくラクに乗り切る本

長島ともこ・編著

厚有出版

卒対委員にどうしよう…と、

なっちゃった..
思っていませんか？

はじめに

「卒対委員になっちゃった…。どうしよう……」。

初めて卒対委員になりドキドキしている方、

「自分につとまるのだろうか……」と不安に思っている方が、

本書を手にとって下さっていることと思います。

　大丈夫です！　本書を読んでくだされば、卒対についての疑問や不安、悩みが、かなり解消されるはずです！

「卒対（そつたい）」とは、卒業（卒園）対策委員会（もしくは委員）の略称で、子どもの卒園や卒業を祝うための、保護者の集まりをさします。

　卒園式・卒業式の前or後に行う謝恩会の企画や運営、卒園・卒業アルバムの制作、卒園・卒業記念品の準備など、卒園や卒業にまつわるさまざまな活動を行う、ととらえると良いでしょう。

　卒対は、PTA活動のひとつです。しかし、子どもの卒園・卒業該当学年の保護者のみによる活動のため、「どんなメンバーがどんなことをしているのか」について、周知する機会は意外と少ないものです。

　また、卒対は、PTAと同様、ボランティア活動です。

　卒対になりたくてなった人、友達に誘われてなんとなくなった人、選出会の沈黙にたえかねてなった人etc。さまざまな保護者が集まるため、準備を進めるうち、意見が対立して険悪な雰囲気になったり、仕事の内容や量でもめたり…。メンバー同士でトラブルが起こることもあります。

　卒対の目的は、「子どもの卒園・卒業を祝う」ということ。にもかかわらず、保護者の負担や保護者同士のもめごとが原因で、活動が重荷になってしまったり、楽しく取り組めなかったら、せっかくの機会が台無しですよね。

私は、2人の子どもを持つフリーライターです。育児、教育などの分野を中心に、雑誌、書籍、WEBで取材、執筆活動を行うかたわら、これまでさまざまなPTA活動に取り組んできました。

　2016年6月。子どもが通う小学校でPTA広報委員長を経験したことをきっかけに、PTA広報誌の企画の立て方、取材、撮影の方法、原稿の書き方などを紹介した『PTA広報誌づくりがウソのように楽しくラクになる本』を出版しました。

「今度はぜひ、卒対をテーマにした本を作ってください！」

　本書の企画は、前著を手にとっていただいた読者の方々から多く寄せられた、この言葉から生まれました。

　卒対の活動内容やメンバー構成は、園・学校により異なります。制作にあたり、より多くの"生の声"を集めようと、幼稚園、保育園、小学校の卒対経験者にアンケート調査や、インタビュー取材を行いました。

　本書では、経験者106名の回答を元に、卒対のお仕事内容、1年を通したスケジュール、活動をスムーズに進める工夫、人間関係などのトラブルが起きたときの対処法など、卒対を"楽しくラクに"乗り切るためのコツを紹介しています。

　初めて経験する人にとっては、わからないことばかりの卒対。しかし、関わり方次第で、わが子の卒園・卒業を、何倍も思い出の残るものにできるのではないでしょうか。

　本書が、卒対の活動を"楽しくラクに乗り切る"一助となりましたら、とても嬉しく思います。

長島ともこ

はじめに ………………………………………………… 4

第1章
ひと目でわかる！「卒対」のお仕事の中身

- 卒対って何？　どんな役割があるの？ ………………………………… 12
- 卒対の人数は？　どのように決まるの？ ………………………………… 16
- 大切なのはコミュニケーション！　卒対委員の心得 ………………… 20
- 卒対の1年間スケジュールを知りたい！ ………………………………… 26
- 卒対、係決めのポイントは？ ……………………………………………… 30
- 卒対って、大変？ …………………………………………………………… 36
- ［卒対経験者インタビュー］vol.1 ……………………………………… 40
- 4コマ漫画「卒対あるある」① …………………………………………… 44

第2章
謝恩会係を楽しくラクに乗り切る方法

- 謝恩会係とは？ いつ、どこで行う？ 予算は？ …………… 46
- 初めてでも心配なし！ 司会・進行係成功のコツ …………… 54
- お絵描き、工作好きは飾りつけ係で活躍！ …………… 64
- 飾りつけの3大アイテム！ バルーン、フラワーペーパー、折り紙 …… 66
- 会場のレイアウトと席決めは、係でじっくり検討を …………… 74
- 謝恩会の2カ月前に送ろう！ 招待状係のコツ …………… 76
- 余興係になっちゃった！ どうする？ …………… 86
- 余興の定番!? 泣かせるスライドショーの作り方 …………… 92
- 飲食係は会場やスタイルにより臨機応変に …………… 98
- なごやかに決めよう！ 卒対委員長のあいさつ …………… 100
- ［卒対経験者インタビュー］vol.2 …………… 102
- 4コマ漫画「卒対あるある」② …………… 106

第 3 章
アルバム係、記念品係を楽しくラクに乗り切る方法

- 卒園・卒業アルバム係になったらまずすること ………………… 108
- ここが肝心！ アルバム作りのスケジュール ………………… 114
- アルバムのページ構成で勝負が決まる！ ……………………… 116
- シンプル？ にぎやか？ アルバム表紙のデザイン …………… 118
- 最難関！ 写真選びはこう乗り切る！ …………………………… 122
- アルバム作りを効率よく進めるポイント ……………………… 128
- 校正、最終チェックは複数のメンバーで ……………………… 130
- 卒園・卒業記念品は日常で使えるモノを！ …………………… 132
- 先生への卒園・卒業記念品は形に残るちょっとしたモノを ……… 138
- ［卒対経験者インタビュー］vol.3 ……………………………… 142
- 4コマ漫画「卒対あるある」③ ………………………………… 146

第4章

卒対"あるある"トラブルと対処法

- なぜ起こる!? 卒対トラブルが起こる理由 ………………………… 148
- 〈ケース1〉意見や価値観の違いからメンバーが分裂! ………… 150
- 〈ケース2〉リーダーがワンマンで、意見を押し通す ………… 152
- 〈ケース3〉卒対担当の先生と意思疎通がうまくいかない ………… 154
- 〈ケース4〉病気になっちゃった、妊娠がわかった ………… 156
- 〈ケース5〉保護者から苦情がきた! ………… 158
- 〈ケース6〉卒対委員を辞めちゃった! ………… 160
- 〈ケース7〉卒対委員長に任命されてしまった! ………… 162
- 〈ケース8〉気づいたら仲間はずれにされている ………… 164
- 〈ケース9〉時間にルーズな人がいる ………… 166
- 〈ケース10〉ランチ会や飲み会が多い ………… 167
- 〈ケース11〉家族が卒対の活動に協力的でない ………… 168
- 〈ケース12〉卒対の活動が負担になってきた ………… 169
- 〈ケース13〉お便りを出しているのに保護者から返事がない ………… 170
- 〈ケース14〉下の子に時間をとられて活動できない ………… 171
- [卒対経験者インタビュー] vol.4 ………………………… 174
- 4コマ漫画「卒対あるある」④ ………………………… 178

第5章
卒対を楽しくラクに乗り切るコミュニケーション術

- 卒対の活動に必要なコミュニケーションの場と手段 ……………… 180
- 時間を守りスムーズに！　会議の際の注意ポイント ……………… 182
- 卒対コミュニケーションの基本①　電話 …………………………… 184
- 卒対コミュニケーションの基本②　メール、LINE ………………… 186
- ［卒対経験者インタビュー］vol.5 …………………………………… 194
- 4コマ漫画「卒対あるある」⑤ ……………………………………… 198

おわりに ……………………………………………………………… 200

● 本書でご紹介しているショップやサービスのURLは、2019年5月現在のものです。
● 本書で使用しているイメージイラストおよび写真素材については、奥付記載のオリジナル作品のほか、イラストAC、写真ACの商用フリー素材を使用しています。

第 **1** 章

ひと目でわかる！
「卒対」のお仕事の中身

卒対って何？
どんな役割があるの？

子どもの卒園や卒業が近づいてくると、よく耳にする、「卒対」（そつたい）というキーワード。そもそも卒対って何？　どんな役割があるの？　卒対の基礎知識について、解説します。

卒対＝子どもの卒園・卒業を皆で祝うためのまとめ役

　卒対とは、「卒園（卒業）対策委員（会）」の略。子どもが通う幼稚園や保育園の卒園、小学校の卒業を祝うことを目的に、謝恩会の企画、運営、卒園（卒業）アルバムの制作、卒園（卒業）記念品の準備などの役割を担う人をさします。「子どもの卒園、卒業を皆で祝うためのまとめ役」と考えるとよいでしょう。

　卒対の役割や活動内容、選出方法は、園や学校によりさまざま。ここでは、よくある「卒対の役割」について紹介します。

卒対の役割の3本柱は「謝恩会・アルバム・記念品」

　卒対は、活動内容により、係に分かれて活動します。一般的に、

1	謝恩会係
2	卒園、卒業アルバム係
3	卒園、卒業記念品係

以上の3つが主な役割として知られています。それぞれについて、

12　｜〈第1章〉ひと目でわかる！「卒対」のお仕事の中身

簡単に説明します。

1　謝恩会係

　謝恩会は、卒園式、卒業式の当日もしくはその前に、子どもがお世話になった先生たちや保護者に感謝の気持ちを伝える会です。園や学校によっては、「卒園（卒業）を祝う会」などとよばれています。これらの企画、準備、会場の設営、当日の運営を担います。

2　卒園・卒業アルバム係

　卒園、卒業記念品の目玉ともいえる、アルバム。一人ひとりの子どもの顔写真撮影の手配、アルバムに載せる写真の選定、ページ構成やレイアウト、印刷会社等に発注など、アルバム制作に関する作業を行います。

3　卒園・卒業記念品係

　子どもの卒園、卒業を祝う卒園、卒業記念品の予算決め、記念品の選定、発注などを行います。同時に、先生に対しても、お礼の花束の発注や寄せ書きの製作を行うこともあります。謝恩会係、卒園・卒業アルバム係に比べると仕事量は少ないため、園や学校によっては他の係と兼務で行うケースも多くみられます。

　以上3つの役割以外に、保護者からお金を集金して必要経費をやりくりする会計係、卒対が集まる会議の議事録を作成する書記係を設ける園や学校も。保護者への連絡文書の作成も大切な役割ですが、書記係が行うことが多いようです（※それぞれの係を楽しく、ラクに乗り切る具体的な方法については、2章以降で紹介します）。

卒対って何？　どんな役割があるの？　｜　13

卒対のリーダー＝卒対委員長

卒対の中で、忘れてはならない重要な役割といえば、**卒対委員長**。卒対の責任者として、それぞれの係の**活動状況の把握**、**園や学校の先生との調整**、**謝恩会当日の保護者代表挨拶**など、卒対のリーダーとして"とりまとめ"的な役割を果たします。

卒対委員長は、たとえていうならば、PTA組織におけるPTA会長のようなもの。**組織のリーダーとしての資質が問われる重要な役割**でもありますが、「あえて」委員長は設けず、委員皆が同じ立場で活動する園や学校もあります。

卒対組織図の一例

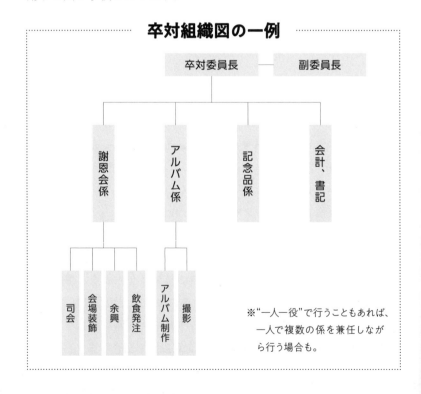

※"一人一役"で行うこともあれば、一人で複数の係を兼任しながら行う場合も。

14 〈第1章〉ひと目でわかる！「卒対」のお仕事の中身

私は卒対でコレをやりました！

ママたちのクチコミ

予算内で卒業記念品を決定！

小学校の卒対で卒業記念品係を担当しました。「予算内で実用的なモノを」と、討論の末、時計つきペン立てに決定！ 記念品には学校名と校章、卒業式の日付も刻んでもらいました。予算ぎりぎりでしたが良い仕事ができて満足！

ユキさん (小学生ママ・記念品係)

謝恩会で「ママダンス」の振り付け係に！

幼稚園の卒対で謝恩会係の余興担当に。ディズニーの音楽をBGMに、ママ有志でオリジナルダンスを披露しました。ダンスが好きなので、振り付け係を担当。練習も楽しく、当日先生方にほめていただき嬉しかったです！

まゆみさん (園ママ・謝恩会係)

精神的な疲労も大！卒対委員長

保育園で卒対委員長に。卒対すべての活動の把握、先生との連絡、調整を行いました。やりがいもありましたが、いろんな人に気を使い、精神的な疲労が大きかったです。

小雪さん (園ママ・卒対委員長)

アルバム係のリーダーに。入稿前は不眠不休

幼稚園でアルバム係のリーダーになり、撮影、写真選び、レイアウトとすべてこなしました。入稿直前の年末時期は不眠不休の作業が続きましたが、「卒園」という大イベントに関われ幸せでした。

T.Nさん (園ママ・アルバム係)

卒対って何？　どんな役割があるの？　｜　15

卒対の人数は？
どのように決まるの？

多すぎず、少なすぎず、程良い人数で効率よく活動したい卒対。クラスごとのかたよりがないようバランスよく選出することが、スムーズな活動につながります。

卒対の人数、係分担は、園や学校によりさまざま

アンケートで卒対の人数を聞いてみると、

●A 幼稚園の場合→1クラス 31 名×2クラス、計 62 名中、卒対は 4 人

●B 保育園の場合→1クラスのみ 18 名中、卒対は 7 人

●C 小学校の場合→1クラス 35 名×2クラス、計 70 名中、卒対は 10 人

…など、園や学校の規模などにより、さまざまでした。

係分担も、以下に示す通り、一様に異なっていました。

●D 幼稚園の場合→卒対総人数 10 名（内訳：委員長 1 名、謝恩会
　　　　係 3 名、アルバム係 3 名、記念品係 3 名）

●E 保育園の場合→卒対総人数 8 名（内訳：謝恩会係 3 名、アルバ
　　　　ム係 4 名、記念品係 1 名）

●F 小学校の場合→卒対総人数 16 名（内訳：委員長 1 名、副委員長
　　　　2 名、謝恩会係 6 名、アルバム係 6 名、会計 1 名）

16 　〈第 1 章〉ひと目でわかる！「卒対」のお仕事の中身

卒対は、PTA活動のひとつといえますが、**決まったルールは特に
ありません**。クラスごとのかたよりがないよう、その学年で適切だ
と思われる人数決めや係分担を行っています。

🌸 卒対は、前年度の秋から冬頃、自薦 or 他薦で決まる

「そろそろ卒対さんを決めないと…」。
「来年度の卒対さんは誰になるのだろうね…」。
　卒園もしくは小学校卒業の前の年、**園では年中さん、小学校では
5年生の秋**くらいに、保護者の間でこんな言葉がささやかれ始めます。
　卒対の選出時期は、卒園・卒業の前の年の秋から冬頃に行われる
のが一般的。園や学校からのお便りを通して募る場合もありますし、
小学校の場合は、次年度のPTA役員選出会の機会に、自薦や他薦を
募る場合もあります。
　卒対の活動は、基本、ボランティアであることに加え、役割を担
うことにより自分の時間が割かれる、時に委員同士のもめごとにま
きこまれる…など、PTA活動と同様ネガティブなイメージでとらえ
ている人が多いようです。
　ただ、PTA役員の選出と比べると、
**「仲の良い友達といっしょに卒対になって、子どもの卒園（卒業）を
祝いたい！」といった"ポジティブ派"も少なくありません。**
　決められたルールがあるわけではなく、自分たちの裁量で"まか
される"部分が多い卒対。子どもの卒園や卒業をより思い出深いも
のにしたい保護者にはおすすめのPTA活動ともいえます。

卒対の人数は？　どのように決まるの？　｜　17

私が卒対を引き受けた理由 ①

ママたちのクチコミ

PTAのノルマ達成のため（汗）

小学校のPTAで、「子ども一人につき6年間で1回は委員をやる」というノルマがありました。そのノルマが足りず……。3人の子どものうちいちばん下の子の卒業の時に、ノルマ達成のために仕方なく手をあげました（笑）

あおいさん（小学生ママ・アルバム係）

安くて良い卒園アルバムを作るため！

印刷会社でデザイナー経験があり、制作費の知識もある私。かねがね、「卒園アルバムの制作料金が高いなぁ」と思っていました。これまでよりも少しでも安く、良いものを作りたいと思い、アルバム係に。目的は見事に達成しました！

なおこさん（園ママ・アルバム係）

仲良しのママ友に誘われて

園時代から仲の良かったママ友に誘われ卒対に。知らない人と活動するよりも、仲良しの人と活動したほうが楽しくできるかも、と思い、引き受けました。予想通り、とても楽しかったです！

K.Mさん（小学生ママ・謝恩会係）

きょうだいでお世話になった恩返しに

子ども二人を同じ幼稚園に通わせていましたが、仕事のため役員経験ゼロでした。下の子の卒園を機に、お世話になった園への恩返しもかねて、引き受けることにしました。

ゆみさん（園ママ・卒対委員長）

18 〈第1章〉ひと目でわかる！「卒対」のお仕事の中身

私が卒対を引き受けた理由②

ママたちのクチコミ

少人数の園で全員が卒対!

1クラス20人の小さな保育園に通っていました。卒対は「クラスの保護者が全員何らかの役割を持つ」という伝統があり、自動的に卒対に(汗)。謝恩会の受付係を引き受けましたが、当日のみの仕事でストレスゼロでした。

よしえさん (園ママ・謝恩会係)

先輩ママから体験談を聞いて

近所に住む先輩ママが卒対経験者。「大変なことも多かったけど、楽しかったよ~」と聞き、自分もやってみたいと思い、仲良しのママを誘って立候補。活動中の悩みや愚痴も、その先輩に聞いてもらうことで、気持ちがラクになりました。

H.Kさん (小学生ママ・謝恩会係)

くじびきで、まさかの「あたりクジ」を…

PTA活動に消極的な保護者が多く、選出会の時にも手があがらず…。くじびきで、まさかの「あたりクジ」を引いてしまい、泣く泣く引き受けることになりました。

まなみさん (小学生ママ・アルバム係)

委員長から「手伝って」と頼まれ…

上の子の時に卒対を引き受けました。その経験を見込まれ、下の子の卒対委員決めの時に卒対委員長さんから直々に「お願い!手伝って~!」と頼まれ…。断るに断れず、引き受けました。

I. Aさん (園ママ・卒対副委員長)

卒対の人数は? どのように決まるの? | 19

大切なのはコミュニケーション！卒対委員の心得

いろいろな価値観、いろいろな家庭環境の保護者が集まる卒対。コミュニケーションの取り方ひとつで活動が楽しくなったり、そうでなくなったりします。

すべての人間関係に通じる！　卒対の心得５つ

　卒対の活動が楽しくできるか否かは、メンバー同士のコミュニケーションがスムーズにいくかどうか、これにつきると思います。

　以下、すべての人間関係にも通じることですが、卒対の活動に携わっていく上での心構えについて紹介します。

①　相手との距離感を重んじその場の空気を大切に

　卒対の活動は、子どもを介して成り立ったメンバーで構成されています。ある程度の距離感をもって接しましょう。自分なりの考えがあってもすべての場面で主張するのでなく、その場の空気を大切にすることも必要です。周りに足並みをそろえることも意識しましょう。

②　思い込まない、おしつけない

　他の保護者から聞いたうわさ話や第一印象などだけで、「この人は〇〇」「あの人は〇〇〇な人」などと思い込んでしまうと、無意識のうちに、その人との間に壁ができてしまいます。いろいろな価値観の保護者が集まるグループです。考え方が違うのは当たり前のこと

20 ｜ 〈第1章〉ひと目でわかる！「卒対」のお仕事の中身

と認識し、「絶対に〇〇するべき！」など、自分の意見を押しつけることのないよう注意しましょう。

③　自慢しない、見栄をはらない

子どもが習い事のコンクールで入賞したり、難関校の受験に成功したり……。家族に嬉しいことがあるとつい、ミーティングの休憩時間などに話したくなりますが、伝え方によっては「自慢」に聞こえてしまうこともあります。家族の嬉しい話は、信頼できる友人にとどめておきましょう。自分をよく見せようとして見栄をはるのもNG。意外と見抜かれてしまいます。

④　言葉に出して率直に伝える

「言葉で説明しなくてもわかってくれるかな」などと相手に期待してしまうと、誤解されてしまうこともあります。思ったことは、言葉に出して率直に伝えましょう。

⑤　根にもたない

期間限定の活動です。何か失礼なことを言われたりされたりしても、相手が謝ってきたらそれで水に流し、根にもたないようにしましょう。「いい勉強になった」「いい人生経験ができた」と、前向きにとらえられるよう、気持ちを切り替えて。

苦手な人と上手に付き合うことも大切

子どもの卒園・卒業を祝う活動だけに、楽しく参加したい。でも、

卒対のメンバーの中に苦手な人がいる…というのはよくある話です。自分が「苦手だな」と思う人は、不思議と、相手も同じように思っていることが多いものです。

　だからこそ、**苦手だなと思う人と話す時は、なるべく苦手意識を捨てて、いつもと変わらないように接することを心がけて**みてください。

　交流を重ねるうちに、「思っていたよりもいい人」「意外と気が合う」など、その人へのイメージが変わり、気づいたらとても仲良くなっていた…ということもあります。「苦手だなぁ」と思う人には、あえて明るくふるまい、元気にあいさつから始めてみましょう。

　それでも**苦手意識が抜けない場合は、必要以上に仲良くなろうと思わず、「1年間のがまん」と割り切って、乗り切る覚悟も必要です。**

　また、これを機会に、自分自身は周りの人から「苦手」と思われていないか、振り返ってみましょう。

　「苦手」と思われやすいのは、以下のタイプの人ではないでしょうか。

- ●人の悪口や噂話が好き
- ●自分のことばかり話す
- ●相手によって態度を変える
- ●上から目線
- ●詮索好き

　卒対の活動を通して、周りのメンバーや自分自身の人としての魅力に気づくこともできたら、卒対活動自体も楽しむことができるようになると思います。

言いにくいことも、しっかり伝える勇気を持とう

　卒対委員長や、各係のリーダーになると、時に、言いにくいことを伝えなければならない場面も出てくるでしょう。そんな時の態度や言葉から、リーダーとしての資質が問われることもあります。メンバーと良好な関係を築き、より良い活動にしていくために、「〇〇にしたほうがもっとスムーズに進むんじゃないかな」「△△△にすると、良くなるんじゃない？」など<u>ポジティブな伝え方</u>を心がけましょう。

　討論の時は、周りの意見をしっかり聞き、「なるほど、そういう考え方もあるよね」など、<u>まずは相手の意見を受け入れます。その上で、「こういう考え方はどう？」</u>など、自分の意見を伝えます。

　相手を認めた上で率直に伝えることで、相手も素直に意見を受け入れることができ、より良い関係を築いていくことができると思います。

　メンバーの悪い噂を耳にした時は、「〇〇〇〇と聞いたけど、心当たりはある？」と、<u>さりげなく声をかけてみてください。</u>

　相手から「だれから聞いたの？」と聞かれても、「ごめんね、名前は言えないわ」ときっぱり伝えます。

　噂に心当たりがない場合は、「私にできることはある？」とひと声かけ、フォローしてあげましょう。

「言い過ぎちゃった！」。謝るときは、できるだけ早く、素直に

　ミーティングなどで言い合いになり、「感情的になりすぎたかな…」と思ったら、なるべく早めに謝罪を。時間がたてばたつほど、「謝ろう」という気持ちが薄れ、ますますギクシャクしてしまいます。

直接会って「さっきはごめんなさい、ちょっと言い過ぎちゃった。これから気をつけるね！」などと誠意を伝えるのがベストです。激しくやり合ってしまった場合は、一度相手に電話かメールで「これからおわびにお伺いしたいのだけど」と伝えてから出向きましょう。

「わざわざ来てくれなくてもいいわよ」と言われた場合は、電話、あるいはメールで、心をこめて謝罪しましょう。

謝罪する際には、言い訳したり、開き直ったりすると相手をさらに怒らせてしまいます。**心から申し訳ないと思ったら、「ごめんなさい」のひと言でOK。**意地を張らず、素直に伝えましょう。

❀ 「いやです」「できません」はNG。角が立たない断り方を

打ち合わせが終わり、家に帰りたいのに世間話が続き、帰るタイミングを失ってしまうことも。そんな時は、無言でその場を立ち去らず、「下の子のお迎えにいくので失礼します」「これから用事があるのでお先に失礼します」など、**ひと声かけてから帰るようにしましょう。**

また、臨時の集まりなどの招集がかかった際、「行けません」「無理です」など、やみくもに断るのはNG。

「○○は無理ですが、△△なら都合がつきますので、声をかけてください」などと代案を示すことで、誠意を伝えられます。

また、新たに仕事を打診され、その仕事をやりとげることが難しい場合は、「やりたくありません」「できません」では単なるわがままになってしまいます。**できない理由と、「●●●●ならできます」など、「できる範囲で手伝いたい」という意欲や姿勢を見せる**のがポイントです。

24 ｜ 〈第1章〉ひと目でわかる！「卒対」のお仕事の中身

卒対コミュニケーション、ここに気をつけました！

ママたちのクチコミ

会議の時は毎回違う人と隣になるよう座る

いろいろな人と話がしたかったので、会議の時には毎回違う人と隣になるよう意識し、休憩時間にたくさんお話するようにしました。子どもの習い事が一緒など思わぬ共通点が見つかり、友だちの輪が広がった感じです！

かつみさん（園ママ）

明るいあいさつこれにつきます！

すべての人間関係に通じることかもしれませんが、会議の前後や道端で会った時に「こんにちは！」「おつかれさまです！」と、明るくあいさつを心がけました。ちょくちょく会う仲間同士だからこそ、人としての基本を忘れないようにしました。

T.Kさん（小学生ママ）

仲良しのママとつるまないよう意識

仲良しのママと卒対委員に。でも、いつも一緒にいると他のママが話しかけづらくなるかな、と思い、卒対の時にはあえて距離をおくようにしました。そのせいか、活動中、新しいママ友ができました。

はなさん（園ママ）

下の子がいる保護者には気を使う

未就園の下の子がいるママが、会議に下の子を連れてくる時は、下の子に声をかけたりお菓子をあげたりして、配慮しました。下の子がいるママは、「皆に迷惑をかけないように」と緊張していることが多いので、リラックスの雰囲気を。

M.Tさん（小学生ママ）

卒対委員の心得 | 25

卒対の1年間スケジュールを知りたい！

卒対の活動は、3月の卒園式・卒業式に向けて、年度始めの4、5月から始まります。係ごとに1年間のスケジュールをみていきましょう。

❀ 活動スタートは4月〜5月。最初の集まりで係決め

卒対の活動は、新学期、入園式や入学式が終わってから始まります。**4月〜5月にメンバー全員が集まり、顔合わせとともに、卒対委員長をはじめ、だれがどの係になるのか決めるのが一般的です。** ただ、p.14でもふれましたが、卒対委員長を選出せずに活動を行う園や学校もあります。顔合わせの際は、係決めのみならず、卒対委員長を決めるか否かについても話し合いましょう。

また、その際には、「今年度の卒対の方針」について、全員で話し合うことをおすすめします。昨年度の活動を引き継いだうえで、

- ● これまでのやり方を踏襲するのか
- ● 何か新しいことにチャレンジするのか

など、"基本スタンス"を共有しておきましょう。

卒対全体の、1年間のおおよそのスケジュールをみると、（p.28〜p.29）**謝恩会係や卒業記念品係は、年末くらいから卒業式までが繁**

26 ｜ 〈第1章〉ひと目でわかる！「卒対」のお仕事の中身

忙期、アルバム係は、入稿時期である秋～冬の時期が繁忙期といえるでしょう。

　ただし、卒園（卒業アルバム）は、配布時期が

●卒園式（卒業式）当日に配布する
●卒園式（卒業式）終了後、5月～7月くらいに配布する

以上の2通りありますので、それにより繁忙期は若干ずれてきます。

　謝恩会係は、当日までの準備はもちろん、当日も、会場装飾や飲食の配置など大忙しですが、「子どもたち、先生、集まった保護者が喜ぶ顔をみて、これまでの苦労が吹き飛んだ！」という体験者の声も多数聞かれます。

定期的にミーティングを行う園や学校も

　1、2カ月に一度、それぞれの係の進捗状況の確認や、検討課題解決のための討論などを目的に、卒対メンバー全員が集まりミーティングを開催する園や学校もあるようです。しかし、フルタイムで働く保護者が多い、下に乳幼児を抱える保護者が多いなど、定期的なミーティング開催が困難な場合は、基本的な情報共有はLINEなどのSNSを利用して行うことが多いです（※情報共有の仕方などコミュニケーション方法については、5章でくわしく紹介します）。

　顔合わせで係が決まったら、それぞれの係に分かれて活動を行うのが一般的です。謝恩会係の1年間のスケジュール例はp.53で、アルバム係の1年間のスケジュール例はp.115で紹介します。

卒対の1年間スケジュールを知りたい！　｜　27

卒対1年間のスケジュールの一例（4月〜9月）

月＼係	全 体	謝恩会係	アルバム係	記念品係
4月	顔合わせ、係決め、予算等打ち合わせ			
5月		日程、会場検討	ページ数や内容を検討 印刷会社決定 打ち合わせ	
6月	ミーティング	日程、会場決定	個人写真撮影	
7月	ミーティング		撮影 写真選び 原稿依頼 レイアウト	
8月	夏休みのため活動休止			
9月	ミーティング		撮影 写真選び	予算確認 候補を出す

※園や学校により異なります。

卒対1年間のスケジュールの一例（10月～3月）

月＼係	全体	謝恩会係	アルバム係	記念品係
10月	ミーティング	プログラム決め	写真選び 入稿	
11月	ミーティング	余興・飾りつけなど打ち合わせ開始	写真選び 入稿	繁忙期
12月	ミーティング	来賓、園・学校関係者など参加人数把握	写真選び 最終入稿	記念品決定、発注、名入れなどがある場合は合わせて依頼
1月	ミーティング	外部に招待状発送 食事、弁当手配 余興準備	校正 内容チェック	
2月	ミーティング	保護者に招待状発送 参加可否確認 来賓に挨拶依頼	校了 印刷開始	納品、数などチェック
3月	最終ミーティング	参加可否最終確認 当日会場設営 準備、運営、後片付け	納品、アルバムを渡す	子どもたち、先生に記念品を渡す

※園や学校により異なります。

卒対の1年間スケジュールを知りたい！　29

卒対、係決めのポイントは?

卒対を楽しくラクに乗り切るには、係決めが重要なポイント。せっかくの機会ですので、得意なこと、好きなこと、やってみたいことにチャレンジしましょう。

「できる人ができることを」が秘訣

卒対の具体的な役割について、p.12で少しふれました。卒対を楽しくラクに乗り切るためには、係決めの際、「できる人ができることを」を基本に役割分担することをおすすめします。

例えば、謝恩会係ひとつとっても、招待状やプログラムの作成、当日の出し物の企画や準備、保護者や先生への連絡、会場装飾、当日の司会進行など、さまざまな役割があります。普段パソコンをあまり使わない人が招待状やプログラムの作成係になってしまったら荷が重いでしょうし、人前で話すことが苦手な人が司会進行になったら、活動に参加するのが憂うつになってしまいます。

今回、卒対経験者への取材を通して実感したのは、「できる人ができることをやる」というスタンスで係を決めると、活動がスムーズにいくということです。

もちろん、今は未経験でも興味がある、前から一度やってみたかったけどその機会がなかった……などがあれば、この機会にぜひチャレンジを。卒対での経験が、結果的にスキルアップにつながることもあります。

30 | 〈第1章〉ひと目でわかる!「卒対」のお仕事の中身

今回の取材をもとに、

● 謝恩会係に向いている人

● アルバム係に向いている人

● 記念品係に向いている人

について列記します。以下に挙げる項目の中で、あてはまるものに
チェックをつけてください。チェックの数がいちばん多いのが、あ
なたに向いている係です。

謝恩会係

□ 司会業の仕事に携わっている、経験がある

□ ママランチや飲み会などを企画するのが好き

□ テーブルコーディネイトが好き、興味がある

□ パソコンでパワーポイントなどの操作が得意

□ 歌やダンスを習っていた、または習っている

□ 人前に出て何かをするのが好き

□ 人前で話をするのが苦ではない

アルバム係

□ デザイン系、印刷系の仕事に携わっている

□ 写真を撮るのが得意、または好き

□ パソコンを使ったさまざまな作業が苦にならない

□ 人の顔はすぐに覚えるほう

□ 画像の加工をしたことがある

□ モノづくりに興味がある

□ 編集経験がある

記念品係

□どちらというと、モノにこだわるほう

□ウインドウショッピングが好き

□フラワーアレンジの仕事に携わっている、もしくは経験がある

□お花屋さんに行くのが好き

□インターネット等での情報収集が好き

□子どもや家族へのプレゼントはじっくり考える

□ラッピングに興味がある

いかがですか？　これはあくまでも、ひとつの参考です。得意な分野や好きな分野ではない係になってしまった場合でも、「新しい経験ができる！」と前向きにとらえ、関わっていきたいですね。

卒対委員長って、荷が重い？

卒対委員長は、p.14 で紹介したように、その役割は多岐にわたります。自分から手をあげる人はなかなかいないと思いますが、

- PTA 役員や委員など、PTA 活動経験がある人
- 会社勤めなど社会人としての経験がある人
- 上のきょうだいで、卒対を 1 度経験している人
- リーダーシップがとれる人
- その場の空気が読め、気さくな人
- 人の意見を聞ける人
- 物事を俯瞰でみることができる人

以上にあてはまる項目が多い人が、委員長に向いていると考えます。

　卒対の発足から卒園・卒業式が終了するまでの約1年間、リーダーとして全体の動きを把握しながら、先生、保護者との架け橋となってさまざまな調整ごとが続き、気が休まることがないかもしれません。時には負担に思ったり、ストレスを感じたりすることがあるかもしれませんが、自分だけで抱えず、

- ●家族に愚痴を聞いてもらう
- ●パート仲間など、卒対メンバー以外の友人に話を聞いてもらう
- ●趣味など、卒対以外のことで集中する時間をもつ

など、上手に発散しながら乗り切りましょう。

会計や書記、保護者へのお便り係も大切な役割

　卒対では、アルバム制作、謝恩会の企画運営などのため、保護者から「卒園（卒業）準備金」としてまとまった金額を集金することが多いです。「卒園（卒業）準備金」の金額は、園や学校によりさまざまですが、子ども1人につき1万円～3万円くらいが相場。

　このお金を集金し、お金の管理を行う会計の仕事も、大切な役割です。

　卒園（卒業）準備金は、少ない金額ではありませんので、2、3回にわけて集金する園や学校もありますし、1回で集金する園や学校もあります。集金方法は、

- ●保護者会の時に現金で集める
- ●卒対の口座を作り、そこに収めてもらう

卒対、係決めのポイントは？　｜　33

以上 2 つの方法があります。卒対の活動が終了したら、**保護者全員
に会計報告を行います**。可能であれば、**表計算ソフト「Excel（エク
セル）」を使った会計管理**をおすすめしますが、パソコンが苦手な場
合は手書きによる管理でももちろん OK。**会計係**は、

- 金融関係の仕事に携わったことがある人
- PTA や部活動等で、会計の経験がある人
- 家計簿をつけている人
- お金の計算や集計が苦にならない人
- どちらかというと節約志向の人

が適任です。

　また、卒対は、任期が 1 年のため、そのノウハウや知識の蓄積が
難しいのが現状です。次年度以降のためにも、書記係を設けてミー
ティングの議事録を残し、引き継ぐのも一案です。**書記係**は、

- パソコン操作ができ、家にパソコンがある人
- 文章を書くことが苦にならない人
- SNS をよく利用している人
- 庶務などの経験がある人

が適任です。卒対の活動をスムーズに行うためには、

- 卒対発足のお知らせ、卒業準備金の集金のお知らせ
- アルバムにのせるための写真撮影のお知らせ

など**保護者あての連絡文書**（p.35 参照）を作成・配布する必要もあ
ります。このような「お便り係」は、書記係が兼務することも。

34 ｜ 〈第 1 章〉ひと目でわかる！「卒対」のお仕事の中身

《 保護者あての連絡文書の書き方例 》

○○年 4 月 15 日

保護者各位　　　　　　　　　　　　　　○○小学校卒業対策委員長

土屋礼子

卒対便り　vol.1

拝啓

　陽春の候、みなさまには、お元気に過ごしのこととお喜び申し上げます。

　さて、先日の選出会におきまして、○○年度の卒業対策委員会のメンバーが、以下８名に決まりました。子どもたちの卒業に向け、アルバム制作、謝恩会準備など、進めてまいりたいと思います。

　保護者の皆様には、今後、さまざまな形でご協力をいただく機会もあると存じます。お忙しいとは思いますが、何とぞよろしくお願いいたします。

　また、活動開始にあたり、来月、5 月 13 日（水）16:00 〜 17:00 に予定されております６年生保護者会の際に、卒業準備金（1 万円）を集金させていただきます。後日集金袋を配布しますので、お忘れないようお持ちください。

　欠席される方は、卒対委員にご連絡いただけましたら幸いです。

　以上、よろしくお願い申し上げます。

敬具

卒対委員　１組：秋山、加藤、佐々木、永井
　　　　　２組：大島、白井、松岡、渡辺

※卒対の活動について、保護者あてに連絡文書を出すことも多いもの。「卒対便り」など、文書の名前を決めて発行すると、受け取った保護者に内容が伝わりやすくなります。

卒対って、大変？

「なんとなく大変そう」というイメージがぬぐえない卒対。実際のところはどうなのでしょうか？　卒対経験者の声をまとめてみました。

❀ 「大変」だけど「やって良かった！」が9割

　本書の制作のため、卒対体験者に答えてもらった「卒対アンケート」によると、卒対の活動が「大変だった」と答えた人は約90%。その反面「やって良かった」と答えた人も、約90%。

　卒対体験者の多くが、「『大変』だけど、『やって良かった』と思っている」ことがわかりました。

　大変だった内容について多かったのが、

- ●仕事との両立
- ●保護者同士の人間関係
- ●園や学校の先生との意見の相違……など。

「やって良かった」理由について多かったのが、

- ●子どもの卒園、卒業にしっかり向き合うことができた
- ●仲間と楽しみながらできた
- ●（アルバム制作など）活動を通してスキルが身についた……など。

　苦労は多いものの、卒対には「子どもの卒園、卒業を祝う」という明確な目的があります。ある程度の心の準備をして臨めば、わが子の卒園、卒業と、より深く向き合うことができる活動といえるでしょう。

36 　｜　〈第1章〉ひと目でわかる！「卒対」のお仕事の中身

卒対、ここが大変だった！

ママたちのクチコミ

中学受験ママが多くあたふた

卒対委員の中に、子どもが中学受験する保護者が多く、1月、2月は集まる時間がなかなかとれませんでした。そのため、謝恩会準備の最後のつめがしっかりできず、残りのメンバーで仕事を割り振ることに。当日までバタバタで、冷や汗モノでした。

I.Aさん (小学生ママ・謝恩会係)

保護者同士でグループができ、交流できず…

仲の良い保護者同士でグループができてしまい、他のグループの保護者と最後まで交流できませんでした。活動を通して友人ができればいいなと思っていただけに、残念！ 会議の時も対立ムードが漂い気後れしました。

かずこさん (園ママ・書記&会計)

アルバム入稿作業で睡眠不足に

アルバム委員になりましたが、12月の入稿に向かってラストスパートの2カ月間は、レイアウト作業に追われ、睡眠時間も削られ体力的につらかったです。早めの準備が大切ですね…。

あきよさん (小学生ママ・アルバム係)

パソコン苦手！ スライドショー係なんて無理！

園の謝恩会でスライドショー係に。メンバーは、私を含めパソコンが苦手な人ばかりで、ネットで検索しながら素材を作り上げるのがとても大変でした。「もう2度とやりたくない」が、本音です……。

R.Tさん (園ママ・謝恩会係)

卒対って、大変？ | 37

卒対、やって良かった！

ママたちのクチコミ

敏腕委員長のおかげで達成感100%！

敏腕委員長が、皆が活動しやすいよう係決めの時にアドバイスしてくれました。そのおかげで個々の力を存分に発揮しながら1つのチームとして動くことができました。アルバム作りに携わりましたが、達成感100%！

T.Yさん（園ママ・アルバム係）

6年間の思い出を振り返る機会に

小学校の卒対委員長に。6年間の思い出を振り返る良い機会になりました。学校に足を運んで先生方とお話しする機会がたくさんあったので、思春期で、家では口数が少ないわが子の学校での様子を聞くこともできました。

えみさん（小学生ママ・卒対委員長）

メンバーに恵まれ、もめごとゼロ！

卒対メンバー全員が、いい方ばかり。「あうんの呼吸」が自然とできあがり、だれかが困っている時に手をさしのべたりなどチームワークがとても良かったです。もめごともゼロでしたよ！

はるかさん（園ママ・記念品係）

謝恩会の司会ぶりをほめられhappy!

謝恩会の司会を担当したのですが、終わってから周りの保護者から「良かったよ！」「良い会だったね」と言われてとても嬉しかったです。わが子も、司会を頑張る母の姿をみて喜んでいました。

K.Mさん（小学生ママ・謝恩会係）

卒対体験者のアンケートまとめ

Q1 卒対、やって良かった？

Q2 卒対の活動、大変だった？

Q3 卒対、やって良かったことはどんなこと？（複数回答）

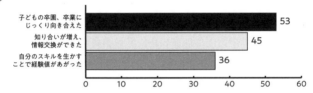

Q4 卒対、大変だったことはどんなこと？（複数回答）

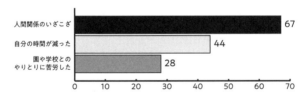

Q5 卒対メンバーのチームワークは良かった？

卒対経験ママ106名から集まったアンケート結果です。グラフを見るとわかるとおり、「大変だったけど楽しかった」「良い経験ができた」など、前向きなコメントが多かったのが印象的でした。

卒対経験者インタビュー vol.1

> ネガティブ思考はNG！
> 社会勉強のひとつとして
> チャレンジを！

小学生ママ **K.M**さん

Q 卒対委員を引き受けることになったきっかけは？

幼稚園時代から仲の良かったママ友に「一緒にやらない？」と誘われ、小学校の卒対委員になりました。卒対委員は私を含めて5名。2クラス合わせて50人弱というアットホームな小学校で、他の卒対メンバーも皆、幼稚園からの顔見知りでした。

お互い気心が知れていて、「LINEの返信をあまりしない」「家に卒対の仕事を持ち帰ったりはしない」など、私の"弱点"もよく理解してくれていたので（笑）。「このメンバーならストレスなく活動できるだろう」という確信もありましたね。

Q 役割分担はスムーズにいきましたか？

メンバー全員が、お互いが得意な分野を把握していたので、アルバム係、謝恩会係、記念品係、会計係、書記、先生との連絡係、と、スムーズに決まりました。顔見知り同士で人数も少なかったので、あえて卒対委員長の役職は立てずに活動しましたが、結果的にまったく問題なかったと思います。

アルバム作りと謝恩会の企画、運営は、5人全員で担当。アルバム係のうち一人が外部カメラマンとの連絡係になり、個人写真の撮影や学校行事の撮影の調整を行いました。

どんな役割をつとめましたか？

私はイベント関係の仕事をしているので、謝恩会の企画、プログラム作成、台本づくり、会場との打ち合わせ、当日の司会を一手に引き受けました。謝恩会の司会って、重要な役割なのにだれもやりたがらないですよね。私にとっては得意分野でしたので、「ラクに仕事させてもらってありがとう！」という気持ちでした（笑）。

月に1度、メンバーがPTA会議室に集まりミーティングを行ったのですが、その時の進行役もつとめました。パソコンをもちこみ、その場で議事録の作成も行いました。

ミーティングはどのように行ったのですか？

全員が来られる日の午前中、2～3時間かけて行いました。それぞれの活動の進捗状況の確認をしたり、保護者へのお便りを作ってその場で内容をチェックして修正。印刷、配布まで行いました。

だれかが家で考えた文書を、他のメンバーが別の場所でメールやLINEを通してチェックするという方法もありますが、私たちの場合は、「卒対の仕事はなるべく家に持ち帰らない」がルール。卒業アルバムの写真選びなどの作業も、この時間を利用して全員で行いました。

謝恩会の準備が忙しくなったり、アルバムの入稿が近づきたくさんの作業が必要な時期は、月に2、3回は集まりましたね。仕事量の不公平感が出ないよう、ミーティングの日程は必ず全員が参加できる日になるようスケジュールを組み、その日に集中して作業することにしていました。

謝恩会のプログラムを教えてください。

はじめの言葉→乾杯→歓談→余興→動画上映→余興→全体写真撮影→終わりの言葉→見送りという流れでした。最初の余興は、卒対

ママ対子どもたちでじゃんけんして、勝ち残った子どもにちょっと
したプレゼントを贈るという単純なもの。この時に、卒対委員のマ
マを全員紹介しました。

　また、会場に、かぶりモノやタスキなど、コスプレグッズを用意
しておき、**子どもたちが自由に使って写真に撮ったりできるように
しておきました**。最後の見送りの時は、折り紙で折ったケースに5
円チョコを入れ、一人ひとりに渡しました。卒業しても、みんなと
「ご縁」があるようにという気持ちを込めました。

Q つとめた役割がむくわれたのはどんな時ですか?

　謝恩会が終わってから、「良かったよ!」「いい会だったね!」と
周りの保護者から言われ、素直に嬉しかったですね。また、娘も、
私が司会として仕事をする姿をみて、嬉しかったようです。

　卒対の活動を通して、幼稚園時代からのママ友と一緒に、わが子
だけでなくお友達みんなの成長を間近でみながら6年間を振り返る
ことができました。**がっつりと関わることで、これまでの育児に"区
切り"のようなものをつけることができたと思います。**

Q 振り返ってみて、大変だったことは?

　学校とのスタンスの違い、でしょうか。うちの学校は、「謝恩会
の開催も、卒業アルバムの制作も、卒対さんのほうで自由にやって
ください」という感じで、その年の卒対委員が毎年ゼロから作り上
げなければいけないというのが、正直面倒でした。

　その割に、校長先生に卒業アルバムに写真を掲載するための依頼
書を作って渡したり、担当の先生に活動の進捗を報告したりなど、
いわゆる"報・連・相"はしっかり行わないといけないんです。先生
からの返信が遅いこともあり、連絡係の委員さんは大変そうでした。

Ｑ 卒対、やって良かったですか？

良かったです！ 活動そのものも楽しかったですが、メンバー同士で作業しながら子どもへの LINE の使わせ方やゲームの時間、お小遣いのこと、中学受験のことなど<u>さまざまな情報交換ができて</u>、とてもためになりました。

Ｑ これから卒対に携わる人、真っ最中の人に向けて メッセージをお願いします。

卒対、お疲れさまです（笑）！ 子どもが小学校を卒業してしまうと、学校との関わりが少なくなってくるので、小学校生活最後のイベントとしてとらえ、走り抜けてください。

メンバーにはいろいろな人がいると思いますが、「私は○○ならできます」「私は○○の作業なら苦になりません」など、<u>それぞれができることを最初に共有し、役割分担を表にして全員で共有するなど "見える化" する</u>ことをおすすめします。

ネガティブにとらえず、社会勉強のひとつだと思ってチャレンジしてみてください！

K.M さん直伝！

卒対を楽しくラクに乗り切る５つのポイント

1 顔見知り＆仲良しのママといっしょに活動することで、風通しが良くなる

2 自分の得意なこと、好きなこと、苦にならない役割を引き受ける

3 役割分担は表などにして、メンバー全員で共有する

4 ミーティングは全員が参加できる日時を設定し、不公平感が出ないように

5 ネガティブにとらえず、チャレンジ精神で！

卒対経験者インタビュー vol.1

第 2 章

謝恩会係を
楽しくラクに乗り切る方法

謝恩会係とは？　いつ、どこで行う？　予算は？

卒対というとまず思い浮かぶのが、謝恩会係。謝恩会係のお仕事の中身と、最初にすべきことについて紹介します。

🌸 司会から会場装飾まで、活動内容は幅広い

　謝恩会は、子どもたちが、お世話になった先生たちに感謝の気持ちを伝えるための会。**園や学校によっては「卒園（卒業）を祝う会」などの名称で開催されることも**あります。謝恩会係は、謝恩会の企画、準備、当日の運営など謝恩会に関するすべてを担います。

　謝恩会の参加者は、**子ども、先生、保護者**が基本ですが、園と小学校では雰囲気は異なりますし、内容もさまざま。毎年のプログラムが決まっている園・学校もあれば、企画から運営まで卒対が行う園・学校もあります。

　謝恩会係の活動内容やメンバー編成もさまざまですが、

- 当日の司会やプログラム、台本を作成する**司会、進行係**（☞ p.54）
- 会場の飾り付けを考え準備する**飾りつけ係**（☞ p.64）
- 招待状やプログラム、席札などを準備する**招待状係**（☞ p.76）
- ゲームやクイズなど、皆で楽しめる催しを企画する**余興係**（☞ p.86）
- 思い出を集めたスライドを作る**スライドショー係**（☞ p.92）
- 当日の食事や飲み物の準備を行う**飲食係**（☞ p.98）

46 　〈第2章〉謝恩会係を楽しくラクに乗り切る方法

以上の役割が一般的です。

役割分担は、司会やナレーション関係の仕事経験がある保護者は司会、進行係、デザインなどビジュアル系の作業が得意の保護者は飾りつけ係、パソコン作業が得意な保護者はペーパーアイテム係……など、**自身の経験や得意分野、趣味を生かした形で役割分担を行う園・学校が多い**ようです。

上記の保護者がそれぞれの係のリーダーとなり、その他の保護者たちがやりたい係に分かれます。そして、係ごとにグループになって活動を行うのが一般的です。係全体の人数によっては、ひとりの保護者が複数の係を兼務することも。

謝恩会係の中でも、招待状やプログラム、席札などの製作を行う**招待状係は、パソコンを使った自宅での作業が多くなります**。パソコンワークが苦にならないことはもちろん、仕事などで園や学校になかなか足を運ぶことができないワーキングママにもおすすめです。

謝恩会係は、**冬休み明けの１月くらいから、謝恩会当日に向けて準備が忙しくなります**。本番直前はプログラムや会場装飾、先生へのプレゼントや飲食の最終チェック。本番当日も、会が滞りなく終了するまで気が休まりませんが、無事に終わった時の達成感や開放感は格別。**「上の子で謝恩会係を担当して楽しかったので、下の子の時も謝恩会係を担当した」**という保護者もいます。

謝恩会係とは？　いつ、どこで行う？　予算は？　｜　47

まずは、「いつ、どこで行うか」を決める

謝恩会係がまず行うこと。それは、「いつ、どこで行うか」を決めることです。

謝恩会の開催時期は、卒園、卒業シーズンの３月ですが、

---

① 卒園・卒業式以前に行う

② 卒園・卒業式当日、式の終了後に行う

③ 卒園・卒業式以降に日を改めて行う

以上、３通りの考え方があります。

①の、卒園・卒業式以前に行う場合は、３月上旬くらいに開催されることが多いです。年明けから準備等が忙しくなりますが、卒園・卒業式当日は、役割も果たし終えゆったりとした気持ちで式に臨むことができるでしょう。

②の、卒園・卒業式当日、式の終了後に行う場合は、式終了後すぐに謝恩会の準備に追われ、１日気が休まらないかもしれません。しかしそのぶん、卒園・卒業の喜びを一気に味わうことができます。

③の、卒園・卒業式以降に日を改めて行う場合は、春休みに入るため、不参加の家庭が出る可能性もあります。しかし、卒園・卒業式が無事終わり、ほっとした気持ちで当日を迎えることができます。

謝恩会の開催場所は、以下の３つが主流。

---

① 園・学校のホールや体育館で行う

② 公民館など園・学校から近くの公共施設で行う

③ ホテルやレストランを貸し切って行う

---

48 ｜ 〈第２章〉謝恩会係を楽しくラクに乗り切る方法

①の、園・学校のホールや体育館で行う場合のメリットは、なんといっても**会場費がゼロ**。園や学校と調整しながら日にちを決めることができ、融通もききますが、その反面、何もない状態から会場の飾りつけを行う必要があるため、**準備に手間がかかります**。

②の、公民館など園・学校から近くの公共施設で行う場合、費用は安くすみますが、公共施設は事前予約が必要で、**時には抽選になることもあります**。抽選は希望日の2カ月前などぎりぎりのことが多いので、抽選にはずれた場合も考慮し、**他の会場探しも並行して行うことをおすすめします**。

③の、ホテルやレストランを借り切って行う場合は、食事代などが高めにつくことがデメリットですが、**華やかな雰囲気で行うことができますし**、当日のテーブルセッティングの手間も省けます。

それぞれのメリット、デメリットを考え合わせ、いつ、どこで行うかを検討しましょう。**日時と会場の案がまとまったら園・学校に必ず連絡し、承諾を受けてから準備を進めます**。

「どんな謝恩会にするか」を皆で考えよう

謝恩会の日時と会場の検討と同時に皆で考えたいのが、「どんな謝恩会にするのか」ということ。

- 園や学校のホールや体育館で、**アットホームに行う**
- ホテルやレストランで、**華やかな雰囲気で行う**
- 余興に趣向をこらし、**盛り上がれるプログラム**にこだわる

……など、謝恩会の「コンセプト」を決めましょう。

謝恩会係とは？　いつ、どこで行う？　予算は？　| 49

謝恩会の会費を決めよう

　日時と会場、謝恩会のコンセプトが決まったら、次にやるべきこと。それは「会費決め」です。会費は、どこで開催するか、どんなことをするのかにより異なりますが、その内訳は

● （会場を借りる場合は）会場費

● お弁当、お茶、お菓子などの食事代

● 先生に渡すプレゼント

● 飾りつけやプログラム作成などにかかる材料費

などになります。

　地域や園・小学校により異なりますが、その金額は、<u>3,000 円〜10,000 円くらいが相場</u>。「園や学校が会場で、飲食はお茶とお菓子」という設定であれば安い会費ですみますし、「ホテルの宴会場を貸し切って、親子で食事タイムを設ける」という設定であれば、割高になるでしょう。

　前年度の引き継ぎ資料がある場合はそれを参考にしながら、謝恩会係経験者がいる場合はその学年の時の会費を教えてもらいながら、前年度とかけ離れないような会費に設定することが多いです。

　会場の飾りつけや招待状、プログラムの作成に伴う材料を購入する場合、<u>購入者は領収書を必ずもらい、清算しましょう</u>。

　また、製作作業に必要な文房具（セロテープやサインペン）、模造紙などは、<u>園・学校から一部提供してもらえることもあります</u>ので、あらかじめ確認しておきましょう。

《謝恩会係になったらまずやるべきこと》

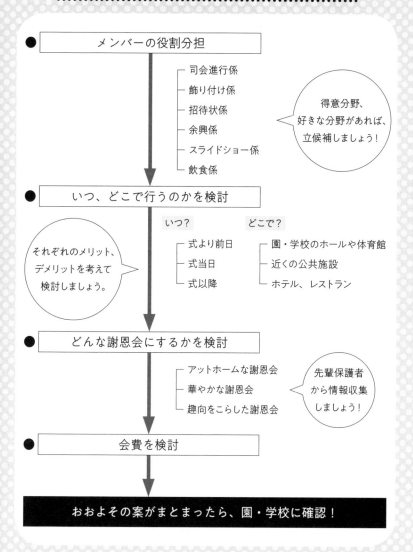

- メンバーの役割分担
  - 司会進行係
  - 飾り付け係
  - 招待状係
  - 余興係
  - スライドショー係
  - 飲食係

  得意分野、好きな分野があれば、立候補しましょう!

- いつ、どこで行うのかを検討

  いつ?
  - 式より前日
  - 式当日
  - 式以降

  どこで?
  - 園・学校のホールや体育館
  - 近くの公共施設
  - ホテル、レストラン

  それぞれのメリット、デメリットを考えて検討しましょう。

- どんな謝恩会にするかを検討
  - アットホームな謝恩会
  - 華やかな謝恩会
  - 趣向をこらした謝恩会

  先輩保護者から情報収集しましょう!

- 会費を検討

おおよその案がまとまったら、園・学校に確認!

謝恩会係とは? いつ、どこで行う? 予算は? | 51

私は謝恩会係でコレをやりました！

ママたちのクチコミ

係のリーダーとしてまとめ役に

リーダーとして、ママたちの希望を聞き、飾りつけ係、準備、片付け係、お弁当係など割りふりを決めました。「言われたことはやります」という消極的なママが多くやりにくかったのですが、最後は良い雰囲気になり、謝恩会も大成功！

E.N さん（園ママ・謝恩会係リーダー）

園の色画用紙で会場を飾りつけ！

なるべくお金をかけないよう、会場の飾りつけは園が提供してくれた色画用紙を使って動物や植物の切り絵を作って壁にはりました。お花紙でもたくさんお花を作ってペタペタ。子どもたち、先生、保護者から「かわいい！」と評判でした！

まりさん（園ママ・飾り付け係）

玉入れや借り物競争で親子対決！

会場は、学校の体育館。飲食を伴わない気軽な会なので、余興の時間は親子で玉入れや借り物競争を行いました。親子対決方式にして、真剣勝負！「子どもと体を動かせて楽しかった！」と評判でしたよ！

ゆみさん（小学生ママ・余興係）

手品が得意な子どもが技を披露！

手品が得意な子がいたので、その子に声をかけ、余興の時間に「マジックショー」をやってもらいました。500円玉が消えたり、トランプのカードをあてたり、プロ級のテクニックで大盛り上がり！　一芸をもっている子に登場してもらうのもおすすめです。

ともみさん（小学生ママ・余興係）

52　│　〈第 2 章〉謝恩会係を楽しくラクに乗り切る方法

《謝恩会準備のスケジュール（例）》

4月	●顔合わせ　●役割分担　●昨年度からの引き継ぎ
5月	●日程、会場検討（必要に応じ下見） ●スライドショーを行う場合は内容検討
6月	●園・学校に確認をとり日程、会場、会費決定 ●スライドショー材料集め開始、（必要に応じ）動画撮影
7月	●飾りつけの検討　●プログラムの検討　●余興の内容検討 ● 9 月以降の活動スケジュール確認
8月	夏休み
9月	●飾りつけの検討　●プログラムの検討　●余興の内容検討
10月	●飾りつけ決定　●プログラム決定 ●余興の内容決定、練習開始
11月	●スライドショーを上映する場合は編集作業開始
12月	●来賓、園・学校関係者の参加人数把握　●招待状作成 ●司会台本作成開始 ●ホテル、レストランで行う場合は打ち合わせ
1月	●飾りつけ制作　●招待状発送　●食事、弁当手配準備
2月	●参加者確認　●来賓に挨拶依頼　●飾りつけ制作 ●台本最終チェック
3月	●参加者最終確認　●リハーサル ●当日会場設営、準備、運営、後片付け

※園・学校により異なります。

初めてでも心配なし！
司会・進行係成功のコツ

謝恩会の盛り上げ役として、"キーパーソン"ともいえる司会。プログラムが
円滑に進むよう、時間配分にも気を配る必要があります。初めての場合は緊張
しますが、事前準備をしっかりすれば心配なし！

🌸 司会の役割の基本はこれ！

「やりたい人がいなくてつい手をあげてしまった」「みんなにすす
められてつい引き受けてしまった」…という人もいるでしょう。

「司会をするのは初めて」という方は緊張するかと思いますが、だ
いたい決まった流れがありますし、タイムスケジュール（p.59）や
台本（p.60〜62）をつくって事前準備をしっかりすれば、あまり心
配することはありません。

謝恩会は、子どもたちや保護者が、先生への感謝の気持ちを伝え
る会であることを自覚し、心の準備もしっかりと。

以下、司会の心構えを列記します。

① 笑顔を心がける

「大勢の人の前で話す」というのはとても緊張するものですが、司
会の人がこわばった表情をしていると、その空気が会場全体に伝わっ
てしまいます。多少のミスは当たり前ととらえ、笑顔で司会進行し
ましょう。

54 ｜ 〈第2章〉謝恩会係を楽しくラクに乗り切る方法

② ゆっくり大きな声で話す

　園の謝恩会の場合は、小さな子どもたちの前で話すことになるので、いつもよりもゆっくりペースで話すことを心がけましょう。台本を声に出して何度か読んでおくと安心です。保護者に加え、目上の先生も同席する会です。ていねい語を使うことが基本です。

③ 目立ちすぎないようにする

　司会はあくまでも、会を盛り上げる"脇役"であり、会の主役は列席者となります。会にきた人たちが楽しくリラックスして過ごせるよう、舞台脇で見守るような感覚で。服装も、カラフルな色合いのスーツなどはさけ、グレー、ブラック、ベージュ、ホワイトなど落ち着いた雰囲気で。

④ 時間配分に気をつける

　当日は、プログラムどおりに進行できるよう、時間配分にじゅうぶん気を配りましょう。時間が余ってしまいそうな時の対処法、押してしまっている時の対処法も、事前に考えておくと安心です。

事前準備はしっかりと行うことが大切

　初めて経験する場合は特に、事前準備はしっかりと行いたいもの。台本を作る前に、謝恩会の日時や場所はもちろんのこと、会の目的や意義などを、自分なりに再確認しておくことをおすすめします。
　謝恩会のプログラムの例を、次のページで紹介します。長さは会場の利用時間・食事の有無により異なりますが、概ね2時間程度。

1	開会の言葉と司会者の自己紹介
2	お招きした先生の紹介
3	PTA会長、もしくは卒対委員長のあいさつ
4	校長先生（園長先生）のあいさつ
5	乾杯
6	会食・歓談
7	余興
8	記念品贈呈・花束贈呈
9	閉会の言葉

p.57のチェックシートを参考に、事前準備を始めましょう。

❀ ホテルやレストランで行う場合の注意ポイント

ホテルやレストランなど、会場を借りて行う場合は、

- 貸切か、パーティションによる仕切りがあるか、**会場の形態**
- 立食かテーブル席かなど、**会場のスタイル**
- マイクやスピーカーなど**音響設備、カラオケ機材の確認**
- **スタッフの手伝い**は頼めるのか
- **延長料金**の目安

について、ホテルやレストランの担当者に確認しておきましょう。

また、そのホテルやレストランの歴史に加え、園や学校と関わりがあればそれについて調べ、エピソードとして披露するのも一案です。

56 ｜〈第2章〉謝恩会係を楽しくラクに乗り切る方法

《 事前準備チェックシート 》

司会者として、最初に確認することは以下のとおりです。
一つずつチェックしてイメージをふくらませましょう。

確認項目	確認する内容
日　時	□開場時刻、開始時刻、終了時刻 □最終撤収時刻 □あいさつ、余興、歓談などの時間割り振り
場　所	□会場がどのように決まったのか □会場と園・学校との関わり □名物料理や記念撮影におすすめの場所
人　物	□あいさつをお願いする人の名前、肩書き、 　プロフィール □来賓の方々の名前、肩書き □余興をお願いする人の名前、プロフィール
内　容	□依頼するあいさつのテーマ □余興の内容
目　的	□謝恩会の目的 □謝恩会の意義
方　法	□プログラムの順番 □照明、音響、テーブルやイスの配置 □飾りつけ

初めてでも心配なし！　司会・進行係成功のコツ　　57

進行表づくりのポイント

　謝恩会の全体の概要がみえてきたら、当日の進行表を作りましょう。進行表は、p.59 のように、

> ●時刻（タイムテーブル）
> ●プログラム(何を行うか)
> ●氏名(登場する人、団体の名前)
> ●コメント(プログラムの詳細)
> ●照明・BGM(メモ欄として使用)

…と、表形式にしてまとめておくと安心です。

進行表は係で共有。当日はてきぱきと。

　進行表の枠組みがほぼ固まったところで、謝恩会係全員と、卒対委員長に報告を。了承が得られたらメンバーに配布し、当日に備えましょう。

　謝恩会当日は、最初から進行が遅れると、あとに出番がある方の持ち時間が少なくなってしまいます。だれかの話が長引いてしまったら、続く人たちに少し短くしてもらう、時間が予定よりあまってしまったら、歓談タイムをのばす…など、臨機応変な対応が大切です。p.60 から、謝恩会の台本の一例を紹介します。

《謝恩会（小学校）の進行表（例）》

（※卒対が主催し、保護者と子どもが教師に感謝する謝恩会を想定）

時 刻	プログラム	氏　　名	コメント内容	照明・BGM
13:00	開会の言葉	自己紹介		
13:03	来賓の紹介	○○先生 ○○先生 ○○先生 ○○先生	プロフィール紹介	照明
13:10	PTA会長あいさつ	○○○○さん	プロフィール紹介	照明
13:15	校長先生あいさつ	○○校長先生	エピソード紹介	照明
13:20	乾杯	卒対委員長 ○○さん	プロフィール紹介	照明
	会食・歓談		料理やデザートの説明	BGM
14:00	余興	①○○○○ ②○○○○ ③○○○○○	余興の内容、エピソード	照明
14:45	記念品贈呈	卒対委員 ○○さん	エピソード紹介	照明
	花束贈呈	卒対委員 ○○さん		照明
15:00	閉会の言葉		お礼の言葉	

謝恩会の台本の一例と注意ポイント

※卒対が主催し、保護者が先生に感謝する謝恩会を想定

時　刻	プログラム	
13:00	開会の言葉	皆さま、本日は、お忙しいところお集まりいただき、ありがとうございます。 ただいまより、○年度△△小学校謝恩会を開催させていただきます。 私は、司会の水島美穂子と申します。最後まで、よろしくお願いいたします。
13:03	来賓の紹介 **注意ポイント** 比較的ゆっくりテンポで一人ずつ紹介しましょう。先生によってはその場でひと言あいさつすることもあります。	それでは、本日のこの会に足をお運びいただきました方々を、お一人ずつ紹介させていただきます。 元○○○小学校教諭、現在は△△△小学校に勤務していらっしゃる、○○○○先生・・(以下続く)
13:10	PTA会長 あいさつ	まずはじめに、本校PTA会長の○○○○さんより、ごあいさつをいただきます。 ○○○○さん、よろしくお願いいたします。
13:15	校長先生 あいさつ **注意ポイント** 司会者からもお世話になったお礼をひと言添えると、感謝の気持ちがより伝わります。	本日は、本校校長先生にもご出席いただいておりますので、ぜひお話しいただきたいと思います。 ○○校長先生、よろしくお願いいたします。 　　※校長先生のあいさつ 校長先生、温かいお言葉をありがとうございました。これまで、本当にお世話になり、保護者一同感謝の気持ちでいっぱいです。

60 ｜ 〈第2章〉謝恩会係を楽しくラクに乗り切る方法

13:20	乾杯	それでは、ここで乾杯にうつります。 乾杯の発声は、今年度卒対委員長の○○さんにお願いしております。○○さん、よろしくお願いいたします。
	会食・歓談	それではみなさま、しばらくの間、食べ物、飲み物を楽しみながらご歓談ください。ちなみに本日のお料理は、グリルチキンとマッシュポテトです。専用のロースターでじっくり焼き上げ、地元で収穫したじゃがいもでクリーミーなマッシュポテトだそうです。子どもたちにはハンバーグセットを用意しました。
注意ポイント 料理の内容や特徴など、具体的に紹介すると良いでしょう。		
14:00	余興1	さてこれから、スライドや出し物で、皆さまにお楽しみいただきたいと思います。まず最初は、6年生担任の○○○先生が撮影、編集してくださいました、スライドショーを上映します。なつかしい映像もたくさん出てくるそうです。 皆さまお楽しみください。 　　（上映）
注意ポイント 出席者全員で楽しむ時間になるため、口調を明るめにするなど心がけましょう。		
		ありがとうございました。いろいろな思い出がよみがえり、改めて、子どもたちの成長を振り返ることができ、感動しました。

初めてでも心配なし！　司会・進行係成功のコツ　|　61

	余興2	次に、保護者の○○○○さん、○○○○さん、○○○○さん、○○○○さんによる、ハンドベルミニコンサートです。ハンドベル演奏家の○○さんの元で、この日のために一生懸命練習したそうです。皆さん、よろしくお願いいたします！ （演奏）
	余興3	ありがとうございました。素晴らしい演奏でした。では、最後に、子どもたちよる合唱、合奏を行います。 （余興続く）
14:45 **注意ポイント** 会のクライマックス。余興の時とは雰囲気を変え、厳かに盛り上げましょう。	記念品贈呈 花束贈呈	ここで、記念品、花束を贈呈させていただきます。先生方、おそれいりますが、会場の前のほうにお越しになり、お並びください。私たち保護者を代表しまして、今年度卒対委員○○さん、○○さん、○○さんが、記念品、花束を贈呈させていただきます。 会場にお越しの皆さま、感謝の気持ちを込めて、大きな拍手をお願いします。
15:00 **注意ポイント** 「なごりおしいのですが」は、会を開きにする時によく使います。慌てずゆっくり最後の言葉を述べましょう。	閉会の言葉	校長先生、副校長先生はじめ、先生方、６年間、本当にお世話になり、ありがとうございました。なごりおしいのですが、これをもちまして、○○年度○○小学校謝恩会を閉会いたします。ありがとうございました。

62 ｜ 〈第2章〉謝恩会係を楽しくラクに乗り切る方法

私はこうして司会を乗り切りました！

ママたちのクチコミ

先輩ママから
話し方レッスン

先輩ママの中にイベント関係の仕事で司会経験豊富な方がいたので、その方にお願いして個人レッスンを受けました。話し方はもちろん、姿勢や表情などについても教えていただきためになりました。良い経験ができたと思います！

S.K さん (小学生ママ)

家族に聞いて
もらいながら練習

司会をするのは初めてで、幼い頃から「声が小さい」と言われてきたので、お風呂で息子と大きな声で歌いながら、発声練習（笑）。本番前は、家族の前で台本を読み、リハーサルをたっぷり行いました。当日はばっちりうまくいき、息子にも喜んでもらえました！

ますみさん (園ママ)

自意識過剰の
思いは捨てよう！

準備は入念にしたのですが、緊張しやすい性格の私。本番前日「失敗したらどうしよう」とうろたえていたら、夫が「大丈夫！みんなあなたのこと見てないよ」とひと言。自意識過剰になっていた自分に気づき、いい意味でふっきれました（笑）。

本やネットを
利用し自主勉強

図書館にいき、「PTA のあいさつ」「司会進行のマナー」などの本を借りたり、ネットで調べたりして勉強しました。台本の例ものっているので、自分なりにアレンジして台本づくりにもチャレンジ。意外と難なくできました。

J.O さん (園ママ)

きよみさん (小学生ママ)

初めてでも心配なし！　司会・進行係成功のコツ　|　63

お絵描き、工作好きは 飾りつけ係で活躍！

謝恩会会場を華やかに彩る装飾を行う飾りつけ係。材料を切ったりはったり、組み合わせたり……と、細やかな作業が必要ですが、思い出に残る空間づくりができると喜びもひとしお！

まずは、昨年度の装飾品が残っているかチェック！

輪飾り、バルーン、ペーパーフラワー etc. 謝恩会会場を彩る華やかな飾りつけも、卒対のお仕事のひとつとして知られています。手作業が多く、事前準備が大変そうなイメージがありますが、**デザイン系の仕事経験がある保護者、手作業好きな保護者**をリーダーに、上手に手分けし効率の良い段取りを考えながら、楽しく、ラクに乗り切りたいものです。

謝恩会会場の飾りつけは、**「謝恩会の装飾品を保管してくれていて、それを飾るだけ」**という園・学校もあれば、**毎年、謝恩会を開催するごとに飾りつけを作る**園・学校もあります。

また、6 年生が中心となる小学校よりも、5 歳児が中心となる園のほうが、謝恩会の飾りつけに手間ひまをかける傾向があります。

飾りつけ係になったら、まずは、**昨年度の謝恩会で使った装飾品が残っているかどうかを確認**しましょう。昨年度の装飾品が残っていれば、それを生かした形で手間を省くのも考えるのも一案です。

64 │ 〈第 2 章〉謝恩会係を楽しくラクに乗り切る方法

❀ テーマカラーやコンセプトを決め予算を確認

謝恩会会場の飾りつけを一から行う場合は、

- さくらをイメージし、ピンクを中心にパステルトーンで統一
- お遊戯会で演じた演目をモチーフに、トーンを統一
- 「宇宙」をテーマにロケットや宇宙船、星をちりばめブルーをメインカラーに

……など、テーマカラーやコンセプトを決め、予算も確認します。

❀ どこをどう飾りつけするかを決める

飾りつけをする場所は、

- 会場入り口　　　● 入り口までのアプローチ
- 壁全体　　　　　● 天井の一部
- ステージ　　　　● テーブルやイスの一部

などです。ステージには、「そつえんおめでとう」「卒業おめでとう」などの文字装飾を行う場合が多いです。アウトラインが決まったら、

- 会場で、飾りつけを行って OK な場所と NG な場所
- 設営時の注意点
- 設営はいつからできるのか、撤収はいつまでか

以上について、園や学校、謝恩会の会場に確認しましょう。

お絵描き、工作好きは飾りつけ係で活躍！　| 65

飾りつけの3大アイテム！
バルーン、フラワーペーパー、折り紙

飾りつけの材料は、風船、ペーパーフラワーの紙、折り紙、色紙、色画用紙、などが主流。以下、会場でどのように使われるのか紹介します。

バルーンで華やかに会場を彩ろう！

会場入り口に門のように飾りつけ

参加者の目をくぎづけにするアートバルーン

　謝恩会の飾りつけでよくみかけるのが、バルーン。ふくらませるのが少々手間ですが、これがあるだけで会場が一気に華やぎます。**風船セット、バルーンアーチセット**など、わざわざ組み合わせを考えずにそのまま飾りつけできるものもあります。パーティアイテムを取り扱うショップのほか、インターネットでも販売されています。

　風船をふくらませるのは**謝恩会前日もしくは当日**でOKです。ただし、「会場のどの部分に、どの風船をどのように飾るのか」がわかる**全体の見取り図**を用意し、そのために必要な数を必ずそろえておきましょう。

風船を大量にふくらませる時は、口ではなく、**ポンプを使って行うと便利です**。**手動のポンプは100円ショップでも販売しています**。バランスボール用のポンプでも使用可能です。ふくらます風船の個数が多ければ多いほど人数が必要ですし、ポンプもたくさんあったほうがいいので、前日あるいは当日の"風船要員"を確保し、**複数のポンプで手分けしてふくらます**ようにしましょう。

　ヘリウムガスを使用する場合は、廃棄方法も確認しておきましょう。

　謝恩会が終わったら、ふくらませた風船は空気を抜いて片づける必要があります。風船の空気を抜く時は、以下の2つの方法がおすすめです。

---

①風船に2、3cmのセロテープをはり、その上から針をさす。
②風船の「結び目」に近いところにハサミをそっといれる。

---

　①の方法はカンタンですが、空気が抜けるのに時間がかかります。
　②の方法は、最初は弱い力で試しながらチャレンジ。こちらは短時間で空気が抜けます。

バルーン購入におすすめのサイト

風船＆ヘリウム問屋　https://www.e-tonya.jp/balloon
ゴム風船、特殊風船、オリジナル風船までバラエティ豊富。

M&M　PARTY　http://www.mm-surprise.com/
東京・新宿区にあるバルーンとパーティのお店。ネット販売も行う。

イベントグッズ　スマイル館®　https://www.event-goods.jp/
通常のバルーンのほか、バルーンアートアイテムなども販売。

飾りつけの3大アイテム！　バルーン、フラワーペーパー、折り紙　｜　67

100円ショップでも買える！ フラワーペーパー

　何枚かに重ねて山折り谷折りをくり返して作るフラワーペーパーも、謝恩会の飾りつけの定番アイテムです。最近では100円ショップでもグラデーションカラーのフワラーペーパーセットが販売されていることも。

ペーパーの端をギザギザに切るとこんなお花に　　「がく」があるお花をつくれるペーパーも

　フラワーペーパーは、普通に広げてもかわいいですが、端のところをギザギザに切ったり角をラウンド型に切ったりするだけで、雰囲気がひと味変わります。ぜひ試してみましょう。

フラワーペーパー購入におすすめのサイト

キープオン　https://www.rakuten.co.jp/keepon/
片面のつやのあるペーパーが、全15色500枚で396円。

雑貨屋マイスター　https://www.rakuten.co.jp/zakkaya-mystar/
ピンク系、黄色系、グリーン系、ブルー系から選べる。12個セットで1,080円。

紙・文具ひかり　https://www.rakuten.ne.jp/gold/kami-bungu/
なつかしい「おはながみ」を販売。赤、黄、緑、白、水色、ピンク、青、5色セットがある。

輪飾りやガーランドに！ 折り紙、色紙、色画用紙

　切ったり折ったり、自由自在のアイテム。**折り紙**では、飾りつけの定番中の定番、**輪飾り**が作れます。**色紙や色画用紙**では、「**そつえんおめでとう**」「**卒業おめでとう**」など、**文字装飾の台紙**として使うことが多いようです。ピンクやクリーム、水色など、薄いパステル調の色画用紙の上に、黒のサインペンで文字を書くと目立ちます。

手前がフラッグガーランド、奥が輪飾り　　折り紙で花を作り、壁などに装飾も

　最近人気があるのが、**ガーランド**。ガーランドとは、もともと「花冠」「花輪」という意味がありますが、「**壁や窓辺を飾るために色紙や布などをつなげたもの**」をさすようになり、インテリア雑誌などでよく目にするようになりました。

　ガーランドの形や色、デザインなどに決まりはなく、アイディア次第で手軽につくれるのが魅力です。

　謝恩会では、折り紙や色紙を同じサイズで三角に切り、麻ひもなどでつなげる「**フラッグガーランド**」が人気です。

　折り紙、色紙、色画用紙共に、**文具店や 100 円ショップ**で購入可能。色画用紙はいろいろな色の画用紙が 1 冊のセットになったものがありますので、チェックしてみましょう。

飾りつけの3大アイテム！ バルーン、フラワーペーパー、折り紙 | 69

人気沸騰中！ 丸くてかわいいハニカムボール

　パーティアイテム、インテリアとして人気が高まっているのが、**ハニカムシート**。くす玉などに使われている、薄い紙が何枚も重なった立体ペーパークラフト素材で、シートの両端をひっぱると断面ははちの巣のように展開し、「でんぐり紙」ともよばれています。

　ハニカムシートで作るアイテムのなかでも人気なのが、まん丸の形がかわいい**ハニカムボール**。上から吊るしたり、受付コーナーにおいたりするだけで、一気に華やかになります。

天井から吊る下げてもかわいい

大きさ、色の組み合わせで雰囲気が変わる

ハニカムボール購入におすすめのサイト

リトルレモネード　http://little-lemonade.shop-pro.jp/
世界中からセレクトしたパーティグッズ専門店。直径13cm～直径35cmで、サイズもカラーバリエーションも豊富。

バースデーバンク　https://www.birthdaybank.jp/items/65/
いろいろなサイズ・カラーをセットにしたパッケージ、小さなハニカムボールのガーランドなど、そのまま使えるアイテムも。

Miami 5th Avenue　https://www.rakuten.ne.jp/gold/miami/
サイト内の「ペーパーデコレーション」コーナーをチェック。比較的安価で購入できるので、大量買いにおすすめ。

《飾りつけ係のお仕事の流れを知っておこう！》

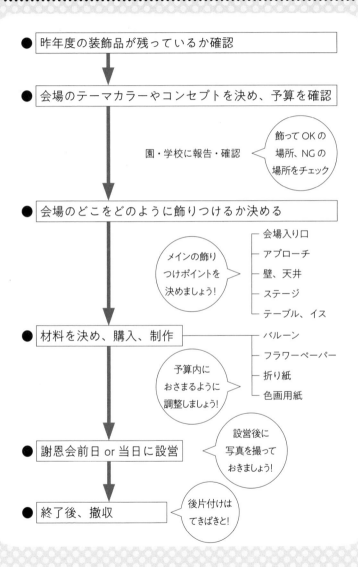

- 昨年度の装飾品が残っているか確認
- 会場のテーマカラーやコンセプトを決め、予算を確認

園・学校に報告・確認 ← 飾ってOKの場所、NGの場所をチェック

- 会場のどこをどのように飾りつけるか決める

メインの飾りつけポイントを決めましょう！
- 会場入り口
- アプローチ
- 壁、天井
- ステージ
- テーブル、イス

- 材料を決め、購入、制作
  - バルーン
  - フラワーペーパー
  - 折り紙
  - 色画用紙

予算内におさまるように調整しましょう！

- 謝恩会前日 or 当日に設営

設営後に写真を撮っておきましょう！

- 終了後、撤収

後片付けはてきぱきと！

飾りつけの3大アイテム！ バルーン、フラワーペーパー、折り紙

《 飾りつけ係の活動がスムーズに進む 10 のポイント 》

Point 1　リーダー不在だと、アイディアがまとまりにくいもの。**リーダーを決め、その人を中心に活動しましょう。**

Point 2　材料の買い出しを一人で行うと、色やデザイン、数などいろいろ迷ってしまいます。**複数で足を運び、その都度話し合いながら決めましょう。**

Point 3　どんな飾りつけにしたらよいか悩んだら、ヒントはインターネットや YouTube から入手。「幼稚園（小学校　謝恩会　飾りつけ）」などのキーワードで検索。

Point 4　準備作業は、園・学校の部屋を借り、メンバーが集まって行うのか、メンバーが自宅で作って持ち寄るのかを決めましょう。

Point 5　園・学校で作業を行う場合は、備品（下記参照）を借りることができるか確認しましょう。NG の場合はそれぞれが家から持ち寄るなど工夫を。

Point 6　作りかけでかさばる飾りつけアイテムは、園・学校で保管してもらえると安心です。先生に相談してみましょう。

Point 7　謝恩会が近づいてきたら、当日**会場入りできる時間、撤収終了時間を確認し、**当日の飾りつけスケジュールを決めておきましょう。

Point 8　会場での飾りつけの際、**はしごなどが必要になる場合もあります。**その際の相談先を確認しておきましょう。

Point 9　会場での飾りつけが終了したら、**完成画像を写真やビデオにおさえておきま**しょう。会が始まるとあっという間で撮影を忘れてしまうことも。

Point 10　撤収作業は状況に応じて参加者の協力も得ながら迅速に。輪飾りなど残せるものは、来年に引き継ぐのもおすすめです。

【飾りつけに必要な備品リスト】

・セロテープ　・ガムテープ　・養生テープ　・はさみ　・のり　・ホチキス
・木工用ボンド　・瞬間接着剤　・裁縫道具　・ひも　・画びょう　・ピン

飾りつけ係、こんな工夫が好評でした！

ママたちのクチコミ

憧れていたバルーンアーチに挑戦！

以前からバルーンアートに興味があり、飾りつけ係になったことをきっかけに、会場の入り口をバルーンアーチ（門）にしました。近くのパーティショップで風船の扱い方を教えてもらいながら楽しく作業ができ、当日も「かわいい！」と大好評でした！

かずみさん（園ママ）

前年度の卒対さんから輪飾りを

前年度の卒対さんから、キラキラ折り紙の輪飾りを譲っていただきました。その輪飾りを基本にフラワーペーパーでお花を作ってアクセント的に飾りつけました。手間がかからず、お花を加えたことでオリジナリティが出せたのでよかったです！

K.S さん（園ママ）

会場はホテルで、入り口のみ飾りつけ

謝恩会の会場はホテルの宴会場だったため、飾りつけは特にしませんでした。そのぶん、受付コーナーにバルーンを飾り、そこで記念撮影もできるよう「そつえんおめでとう」の文字装飾を施しました。

かえでさん（園ママ）

謝恩会場にホワイトボードを

会場の一角に大きなホワイトボードを置き、ホワイトボードの周りには、フラワーペーパーで作った花をちりばめ、歓談の時間に子どもたちが自由に絵や言葉をかけるようにしました。ひとつのアート作品のようになり、感動しました！

R.O さん（小学生ママ）

飾りつけの３大アイテム！　バルーン、フラワーペーパー、折り紙　｜　73

会場のレイアウトと席決めは、係でじっくり検討を

謝恩会に招待する先生方、来賓の方々が定まってきたら、会場のレイアウトや席順を検討しましょう。席順については、さまざまな考え方があるので、じっくり検討して決めましょう。

大テーブルに分かれて着席するスタイルが一般的

謝恩会は、8～10人がけくらいのテーブルに分かれて着席するスタイルが一般的。ホテルやレストランで行う場合は、テーブル配置や受付の場所など、担当者と会場レイアウトの打ち合わせを行います。園や学校を会場とする場合は、テーブルやイスを借りる必要がありますので、おおよその人数を伝え、お願いしておきましょう。また、参加者の動線をイメージしながら、受付や飾りつけを行う場所も確認します。

親子一緒？ 先生はどこに？ 大切な席決め

ひとつのテーブルに座れる人数がわかったら、席決めを行います。席は、親子が隣り合って座るスタイルが一般的ですが、小学校によっては「親席」と「子ども席」を分ける場合も。各テーブルに座るメンバーは、

- 出席番号順や背の順、生活班などで割り振る
- 仲良し友達同士のグループで分ける

2つに意見が分かれがち。わだかまりが残らないよう、じっくり話し合いましょう。同様に先生も、

- 「先生席」を作る
- 各テーブルに分かれて座ってもらう

のどちらにするかを決めます。

《謝恩会会場のレイアウト（例）》

「そつえんおめでとう」の飾りつけ

ステージ

アンプ　出入口　ピアノ

司会

卒対　　　　　　　　　　　　　　　　　卒対

テーブル　親・子　　子・親　テーブル

親・子　　　　　子・親

園長先生　　　副園長先生

テーブル　　　　　　　　テーブル

先・子　　　　　　先

通路

テーブル　　　　　　　　テーブル

先・子　　先・子

卒対　　　　　　　　　　　　　　　　　卒対

テーブル　子　　　子　テーブル

先・子

出入口

バルーン　　※各テーブルに、先生一人ずつ座ってもらうパターン。卒対委員の保護者は、
アーチ　　　　ステージに近い席、出入り口に近い席に座り、常に全体を見られるように。

会場のレイアウトと席決めは、係でじっくり検討を　|　75

謝恩会の2カ月前に送ろう！
招待状係のコツ

謝恩会に欠かせないのが、招待状をはじめ、当日のプログラム、席札などペーパーアイテムの準備。手づくりで行う場合は、無料のテンプレートなどを上手に活用し、効率的に進めましょう。

招待状は謝恩会の2カ月前くらいに送る

謝恩会の日時や場所が決まったら、招待状を作成し、**謝恩会の2カ月前**くらいに送ります。

招待状には、

- 会の目的
- 日時
- 場所
- 会費
- 参加の可否と返信の期限
- 幹事の連絡先

以上を必ず明記します。卒園・卒業を祝い先生への感謝の気持ちを伝えるフォーマルな会ですので、時候のあいさつを入れ、ていねいな言葉づかいを心がけましょう。

また、**園や学校と違う場所で開催する場合は、場所がわかる地図、案内図を必ず添付**してください。

76 〈第2章〉謝恩会係を楽しくラクに乗り切る方法

招待状の送り先は、

● 保護者

● 現在、園や学校でお世話になっている先生方

● 転勤、退職で現在園や学校にはいないが会に来てほしい先生方

● 子ども達がお世話になった地域の方々

などです。

　保護者へは、担任の先生に、**保護者へのお便りとして子ども経由で渡してもらうようお願いする**ケースが主流です。現在園や学校でお世話になっている先生方の招待状は、卒対さんが直接手渡しするケースが多いです。

　転勤、退職などで現在園や学校には在籍していませんが会に来てほしい先生方、子どもたちがお世話になった地域の方々などには、**招待状は郵送、必要に応じて手渡し**します。郵送の場合は、返信用のハガキを忘れないようにしましょう。

　参加可否の返事は、会の１カ月前くらいまでに集まるよう、早めの準備が大切です。

きょうだい参加のルールも決め招待状に明記

　卒園・卒業する子ども以外にきょうだいのいる保護者も多いものです。謝恩会に、きょうだいの参加もOKにするのかどうかを事前に決めておく必要があります。

　きょうだい参加がOKの場合、

招待状係のコツ | 77

- 会費にプラスするのか
- きょうだい用の席は設けるのか

などのルールを決め、返信をもらった時、参加人数が具体的に把握できるような内容を心がけましょう。

　園での謝恩会では、**一時預り保育コーナーを設けて保育希望者を募る場合もあります。**

🌸 先生への招待状はフォーマルに

　先生や、地域の方々に送る招待状は、フォーマルな形式で送りたいものです。

　招待状のサイズは、A5紙を二つ折りにしたものが一般的。パソコンを使って手づくりする場合は、

- 台紙（表紙）
- 中紙（本文）
- 封筒（中紙をはさんだ台紙を封入する）

を用意しましょう。以下、作り方を簡単に紹介します。

① 　ワードで招待文を書き、中紙を二つ折りにしてから**「A5サイズ、縦向き」**で印刷します。中紙はやや厚めのもの、淡いピンクやイエロー、ブルー、グリーンなど、**色つきのもの**、**柄があるもの**でもOKです。印刷が終わったら、周囲を5mmほどカットします。

② 　①を、二つ折りした台紙にはさみます。台紙の表紙は、**シール**

や折り紙、スタンプ、マスキングテープなどを使って華やかに。「○○先生へ」と宛名を書いても OK です。

無料のテンプレートも活用しよう！

ネット上には、有料はもちろん、無料のテンプレートもたくさん UP されています。これらを上手に使えば、素敵な招待状を作ることができます。

台紙はフォーマルな雰囲気の柄モノでも OK

華やかなテンプレートを選ぼう

招待状テンプレートおすすめサイト

kamizukan　https://www.kamizukan.net/gtemplate/
花をモチーフにしたものがある。おしゃれなデザインが特徴。

素材ラボ　https://www.sozailab.jp/
「謝恩会　招待状」で検索すると、4 種類のパターンが表示される。

Canva
https://www.canva.com/ja_jp/create/cards/thank-you-party-invitations/
好みのテンプレートを選んで作成。利用するには会員登録が必要。

形にこだわらない招待状も

A5 の 1/2 サイズという形式にこだわらず、折り紙などを利用して**丸型やハート型、花束型など、さまざまな形で招待状を作るのも OK** です。少人数でアットホームな幼稚園などでは、先生一人ひとりに手書きの招待状を準備することも。

招待状の目的は、「**謝恩会の内容のお知らせ**」と「**出席のお願い**」です。お世話になった先生への感謝の気持ちがこもっていれば、問題ありません。**手書きの場合は、誤字、脱字にくれぐれも注意しましょう。**

折り紙で桜の花をつくり、カードに飾る

色紙で花束をつくり、いっしょに渡しても

招待状の文面は、相手により変える

招待状の文面は、フォーマルな中にも子どもの卒業を心から祝う気持ちをちりばめましょう。園・学校以外で行う場合は、**会場の地図**を入れることはもちろん、**住所や電話番号**も忘れずに記します。

保護者宛と先生宛、送る相手により文面を変えます。p.81、82 で、保護者宛、先生宛の文例を紹介します。

《 招待状の文例（小学校の場合） 保護者宛 》

〇〇年 1 月 20 日

△△△小学校卒業対策委員長

保護者各位

土屋礼子

ご卒業おめでとうございます

謝恩会のお知らせ

拝啓　紅梅、白梅の香りが春の訪れを予感させてくれます。

　皆さまにはご健勝のこととお喜び申し上げます。

　3 月には、子どもたちは晴れての卒業。保護者の皆さまも、さぞかし感慨深いことと存じます。

　△△小学校では毎年、卒業生、保護者の皆さまとともに、校長先生、副校長先生をはじめ、お世話になった先生方をお招きし、謝恩会を開催しております。

　感謝の気持ちを伝えるよい機会ですので、ぜひご参加くださいますようお願い申し上げます。

敬具

記

1 日時　〇年 3 月 20 日（土）午後 1 時～ 3 時

2 場所　〇〇〇〇ホテル「ゆりの間」

　　　　住所：　　　　　　　電話番号：

　　　　※地図を加える

3 会費　ひと家庭 5,000 円

　　　　※出欠を、2 月 28 日までに、各クラスの卒対委員にお知らせください。

　　　　※きょうだいも参加希望の方は、合わせて各クラスの卒対委員にお知らせください。

《 招待状の文例（小学校の場合）　先生宛 》

○○年 1 月 20 日

○○○○先生

△ △△小学校卒業対策委員長

土屋礼子

謝恩会のお知らせ

拝啓　　紅梅、白梅の香りが春の訪れを予感させてくれます。

　皆さまには、ご健勝のこととお喜び申し上げます。

　さて、子どもたちも、3 月○日をもって卒業することとなりました。これもひとえに、これまでご指導くださった先生のおかげと、心より感謝しております。

　つきましては、先生方をお招きして謝恩会を開催したいと存じます。

　ご多忙のなかおそれいりますが、ぜひご出席賜りますよう、お願い申し上げます。

敬具

記

1 日時　○年 3 月 20 日（土）午後 1 時～ 3 時

2 場所　○○○○ホテル「ゆりの間」

　　　　住所：　　　　　　　電話番号：

　　　　※地図を加える

招待状以外の作り物①〜プログラム〜

　招待状に加えて作る必要があるのが、プログラムです。謝恩会当日の進行、流れを記すプログラムは、

> ①大きな紙を用いて作り、会場の目立つ場所に展示する
> ②ミニサイズのプログラムを作り、参加者全員に配る

以上の方法があります。

　小学校の謝恩会は、大きな紙に「1．開会の言葉　2．校長先生のあいさつ…」など式次第を書き、会場の目立つ場所に展示します。

　ミニサイズのプログラムを作って全員に配る場合は、招待状と同様、A5サイズを二つ折りにした形で作るケースが多いようです（p.78）。飾りつけのテーマやカラーに合わせ、親子の"卒園の思い出アイテム"となるよう、親子の写真や子どもが描いた絵をはったりなど、工夫をこらして作ることも。

招待状以外の作り物②〜席札〜

　会食が伴う謝恩会で、参加者が座る席があらかじめ決まっている場合は、席札を手作りすることもあります。謝恩会の席札は、先生用、保護者用、子ども用と分けるか、全員同じものにするかにより、作り方が違ってきます。

　園の謝恩会では、①子ども用、②保護者用、③先生用と分けて作るケースが多いです。

招待状係のコツ | 83

> **席札の作り方の一例**(キャラクターの場合)
> ①**子ども用**→折り紙で「中トトロ」を作り、白地の部分に子どもの名前を書いて席札にする。
> ②**保護者用**→折り紙で「トトロ」を作り、白地の部分に保護者の名前を書いて席札にする。
> ③**先生用**→折り紙で「トトロ」を作ってそれを台紙にはり、先生の名前を書いて席札にする(保護者の席札に手を加える)。

かわいい席札は、「お土産」として記念に持ち帰れる

　人気キャラクターの折り紙の折り方は、下記サイトで調べてみてください。

　"席札"という形にとらわれず、ミニ観葉植物を人数ぶん用意し、名前を書いたペーパーピックを土にさして置く…など、自由な発想で準備しましょう。

人気キャラクターの折り紙の折り方おすすめサイト

ハンドフル https://www.handful.jp/curation/3462
ディズニー、アンパンマン、ポケモン、妖怪ウォッチなどの折り方を解説。

私はこんな招待状を作りました！

ママたちのクチコミ

謝恩会の飾りつけに合わせ手作り！

謝恩会の飾りつけのテーマが、「動物園」でした。それに合わせ、招待状も、動物をモチーフに制作。もともと工作が好きで、飾りつけ係も担当していたので、招待状も自由に作らせてもらいました。皆に「かわいい！」と言ってもらえ嬉しかったです。

あやこさん (園ママ)

テンプレートを利用してパソコンで

ネットで招待状作成用の無料テンプレートを探し、パソコンで作りました。毎年年賀状をパソコンで作っているので、作業も手馴れたもの。先生たちの顔を思い浮かべながら台紙や中紙を選ぶのが楽しかったです。

M.F さん (小学生ママ)

昨年度の招待状の雛形を流用

昨年度の卒対委員さんがパソコンで作った招待状の雛形を、そのまま引き継いでもらえることに。日にちや会場の場所などを打ちかえるだけで、ラクに作業できました！使い回しできるものは有効活用することをおすすめします！

まりさん (小学生ママ)

折り紙でお花をちりばめて

折り紙が得意なママがいたので、その方に教わりながらお花をたくさん作り、文面の周りにちりばめました。先生に渡した時「すごいですね〜！」と、喜んでもらえましたよ。

R.T さん (園ママ)

招待状係のコツ | 85

余興係になっちゃった！どうする？

謝恩会をもりあげるプログラムといえば、余興タイム。「参加者全員に喜んでもらわなければ…」などと固く考えず、皆で楽しい時間を過ごすにはどんなことをすれば良いのかを検討しましょう。

奇をてらいすぎるのは NG

謝恩会は、先生や保護者に感謝の気持ちを伝え、皆で楽しい時間を過ごすことを目的に開く会です。余興係になったからといって、「今までしてこなかったことにチャレンジしよう！」など、奇をてらった企画や手のこんだ企画を考える必要はありません。

- 子どもたちの出し物は、**園や学校で発表したことがあるもの**
- 保護者の出し物は、**得意な人を中心に皆で披露できるもの**
- ゲームやクイズを行う場合は、**簡単にでき皆で盛り上がれるもの**

以上のような視点で企画するとうまくいきます。

また、余興には、以下の5種類あります。

- **子どもが主役**で行うもの
- **保護者が主役**で行うもの
- **親子で競ったり、一緒に楽しむもの**
- **先生が主役**で行う出し物
- **参加者全員で競う**もの

〈第2章〉謝恩会係を楽しくラクに乗り切る方法

複数の余興をバランスよく取り入れましょう。

謝恩会で定番人気。"発表系"の余興はコレ！

謝恩会で定番人気の余興は、大きく【発表系】と【ゲーム系】に分けられます。

まず、発表系にはどんなものがあるか整理してみます。

【発表系】

①　子どもたちの歌、合奏

園や学校で練習し、皆の前で発表したことのある曲を歌ったり、合奏したりします。定番中の定番ですが、子どもの歌声や演奏はとても素直で、親も感動します。謝恩会に向けて、先生が子どもたちに指導くださることが多いようです。

〈園の謝恩会でよく歌われる歌〉
- 毎月歌う「今月の歌」の中でも子どもたちに人気が高かった歌
- ドラえもん、アンパンマンなど人気アニメの主題歌
- その年に流行り、小さな子でも歌える歌

〈小学校の謝恩会でよく歌われる歌〉
- 音楽の授業で歌い、子どもたちに評判が高かった歌や曲の演奏
- その年、小学生の間で人気が出たポップス

---

②　子どもたちの踊り

子どもは踊りが大好き。特に園児のダンスは見ていてとてもかわいらしいもの。小学生のダンスは切れがあり、見応えがあります。

余興係になっちゃった！　どうする？　｜　87

〈園の謝恩会でよく披露される踊り〉
● お遊戯会、運動会などの行事で発表したもの
● その年に流行り、小さい子でもすぐに踊れるもの
〈小学校の謝恩会でよく披露される踊り〉
● 運動会など学校行事で発表したもの
● その年に小学生の間で流行ったテレビ番組などの踊り

③ 保護者有志（全員）による歌や踊り

音楽、ダンスが得意な保護者が中心となって、参加者の前で歌や踊りを披露。曲目は、ディズニー系、人気アニメ系、子どもが園や学校で歌ったり踊ったりした曲など、子どもに馴染み深い曲を選びましょう。当日のサプライズとして披露するのもおすすめ！

④ 保護者有志によるマジックショーやものまねなど

手品、モノマネなど人前で披露できる特技がある保護者を募り、ステージに登場してもらいます。いつもとひと味違う保護者の新しい一面にふれ、子どもたちも大喜びするはずです。

⑤ 先生たちによる歌や合奏

事前に先生方にお願いし、ギターやピアノで子どもたちとの思い出の曲を披露してもらいます。手拍子を送って盛り上げましょう。

謝恩会で定番人気。"ゲーム系"の余興はコレ！

　遊び心満載のゲームは、場を和ませてくれます。ここでは【ゲーム系】の余興についてご紹介します。タイムオーバーにならないよう注意！

【ゲーム系】

① ビンゴゲーム

　よくある余興ですが、数字を覚えたての園児には楽しいゲーム。最後まで残った人にサプライズでお菓子などを用意すると喜ばれます。

② 伝言ゲーム

　参加者をグループに分けチーム戦方式に。大人と子どもの数はチーム間で統一します。園児には短め、小学生には長めの伝言を。

③ 「この赤ちゃんはどの先生？」

　先生の小さい頃の写真を借りて、スクリーンなどに映し出し、子どもたちにどの先生か当ててもらいます。子どもたちに人気です。

④ フルーツバスケット

　単純なゲームですが、意外と盛り上がります。小学生の場合は、フルーツバスケットをアレンジし、「青い服を着ている人！」「今日スカートをはいている人！」など、内容を変えてみるのもよいでしょう。

⑤ 子どもたち（小学生）による先生のものまねクイズ

　小学校高学年ともなると、ものまねが得意な子も出てくるもの。先生のものまねをして参加者にあててもらうのも一案です。

⑥ じゃんけん大会

卒対委員の一人対全員でじゃんけんをし、負けた人から抜けていき、最後に残った人が優勝。ちょっとした賞品を用意しておきましょう。

⑦ 親子対抗ミニドッヂボール

小学校の体育館などを会場に、カジュアルな謝恩会を行う場合は、ミニドッヂボールで親子対決。体力がついた6年生が投げるボールは迫力があり、親もつい熱くなります。ケガのないよう注意しましょう。

ゲーム系の余興には、賞品を用意

ゲーム系の余興を行う場合は、賞品を用意しておきましょう。豪華でなくてかまいません。ラッピング袋で小分けしたお菓子や折り紙で作ったメダルなど、ちょっとした物でも子どもは喜んでくれます。

サプライズの演出、どうする？

「先生を泣かせたい！」と思ったら、サプライズの演出を。プログラムにはあえて記載せず、余興が終了したら、秘密で作っておいた

> ● 子どもたちと保護者による感謝の**メッセージカード**
> ● 子どもたちと保護者による思い出の**手作りアルバム**

などを、子どもたちから渡します。先生の涙腺は崩壊すること間違いなし！　保護者が音頭をとり、皆で「先生、今までありがとう！」と声を合わせて伝えれば、あとは時間の問題です！

謝恩会の余興係、こんなことをしました！

ママたちのクチコミ

サプライズに先生が大号泣！

先生に内緒で、クラスの園児全員でメッセージカードを配ってそれをアルバムにし、謝恩会の最後に渡しました。新任で感激もひとしおだったせいか、その場で大号泣。保護者もつられて泣いてしまいました。

りえさん (園ママ)

先生にまつわるクイズ大会が大盛況

先生と生徒の仲が良い学年だったので、クイズ大会を企画し「○○先生の好きなサッカー選手はだれでしょう?」「△△先生が家に帰って最初にすることは何でしょう?」など、先生にまつわる問題を出したら子どもたちに大好評でした！

T.Kさん (小学生ママ)

先生たちのギターに合わせて大合唱

担任の先生が、ギターの弾き語りが得意で子どもたちとよく一緒に歌を歌っていました。そこで、先生にお願いし、演奏してもらうことに。最後は皆で大合唱になり、思い出深い謝恩会となりました。

ふみえさん (小学生ママ)

プロのマジシャンの技を間近で鑑賞

うちの園は、毎年謝恩会でプロのミュージシャンやパフォーマーを招き、披露してもらうのが伝統。今年はプロのマジシャンをよびました。目の前でプロの手品を見る機会は初めての人が多く、大評判でした！

Y.Wさん (園ママ)

余興係になっちゃった！ どうする？ | 91

余興の定番!?
泣かせるスライドショーの作り方

スライドショーとは、デジタルカメラやスマートフォンで撮影した画像や動画を次々に表示していくもの。謝恩会の余興のひとつとして人気です。作る場合の流れやコツを紹介します。

🌸 スライドショー作成にはパソコン作業が必須!

　最近の謝恩会では、会の後半で、卒園や卒業を記念して作成したスライドショーをお披露目することも多く見受けられます。BGM が流れるなか、園舎や校舎、子どもたちと先生、「ありがとう」のメッセージなどのスライドが順番に映し出され、感動の涙を流す保護者や先生も少なくありません。

　このスライドショー、卒対や謝恩会係になった保護者が作るケースが多いようですが、パソコンによる作業が必須のため、パソコンが不得手の人は、引き受けないほうが無難でしょう。

　保護者の中で得意な人を探してお願いすることもできますが、スライドショーを作るためのソフトには、無料のもの、有料のもの、スライドショー作成初心者でもパソコンが使えれば何とか対応できるもの、ある程度スキルがないと対応できないものなどさまざまな種類があります。スキルに合わせてソフトを選び、くわしい人に相談しながら複数の保護者で担当すると、当日あわてずにすみます。

92 　〈第 2 章〉謝恩会係を楽しくラクに乗り切る方法

スライドショーを作成するには、

- スライドを流す時間や**内容、構成**を考える
- 使用する写真（または動画）を選ぶ
- ソフトでスライドショーを作る（**写真のクローズアップ、文字入力**など）
- ストーリーに合う BGM を選ぶ

等々、こまかい作業が必要になってきます。

謝恩会直前に徹夜作業が続いてしまった…などということにならないよう、年内の早いうちから準備を始めるのがベストです。

スライドショー作成のスケジュールの一例

5〜6月	写真集め
6〜7月	夏祭り動画撮影、編集担当者選出
9月	写真を選び、必要に応じて加工
10月	写真データ、文字データを編集担当者に渡す
11月	編集作業開始
12〜1月	編集作業
2〜3月	会場下見の際に試し上映→本番

泣かせるスライドショーの作り方 ｜ 93

意外とカンタン!? スライドショーを作る手順

スライドショーを作る手順について紹介します。

STEP1　内容打ち合わせ

　スライドショー係が複数いる場合は、いちばんくわしい人をリーダーにして、流すスライドショーの長さ（時間）や内容、構成について打ち合わせをします。スライドショーの長さは、平均10～15分。起承転結を意識してストーリーを考えましょう。

〈構成の一例〉　例：A幼稚園の場合

①　園舎、園庭、園バスなど幼稚園の風景

②　年少＆年中の頃の遠足や運動会など行事の写真

③　年長になってからの写真

④　先生が園で子どもたちとふれあっている写真

⑤　子ども一人ずつ、先生へのメッセージ動画

⑥　子どもたち全員の写真

STEP2　写真（動画）を集め、選ぶ

　使用する写真を集め、選びます。園で契約している写真館からこれまでの画像を提供してもらうのも一手です。子どもから先生へのメッセージは、保護者に呼びかけ送ってもらいます。子どもたちがなるべく均等に登場するよう配慮を。写真1枚に対し、4～5秒くらい表示できるようにすると心地よいテンポになります。

94　｜　〈第2章〉謝恩会係を楽しくラクに乗り切る方法

STEP3　ソフトに画像やテキストなどを入れ込む

　STEP2 で選んだ画像や動画、そして文章をソフトに入れ込み、編集します。必要に応じて画像を拡大、コラージュしながらメリハリのある流れを作りましょう。作業は経験者が行うのがスムーズですが、<u>パソコン作業に慣れている人なら、多少時間はかかりますが不可能ではありません</u>。大変かもしれませんが、楽しんだもの勝ち！

STEP 4　BGM を入れる

　ストーリーに合う BGM を選んで入れます。入れる曲の数は、<u>5 分で 3、4 曲。15 分間で 10 曲は選びましょう</u>。園歌や校歌、運動会やお遊戯会で使った曲はもちろん、アップテンポの曲、バラードの曲など場面に応じバランスよく入れ込むのがポイント。

STEP5　完成したら必ず試し上映を

　完成したら、謝恩会本番前に会場にプロジェクターを設置し必ず<u>試し上映</u>を。完成後は動画ファイルとして記録メディアに保存しておきましょう。

 ## 自分に合うソフトを使うのが成功の秘訣！

　作成ソフトは、お手持ちの<u>パソコンの環境に合うもの</u>、<u>スキルに応じたものを選ぶ</u>ことが大切です。

スライドショー作成ソフト　おすすめサイト

Windows Live ムービーメーカー

http://www.gigafree.net/media/me/windowslivemoviemaker.html
Windows 専用の無料ソフト。ダウンロードやインストールの方法もわかり
やすく解説されており、初心者でもとりかかりやすい。

i Movie　https://www.apple.com/imovie/

Mac 専用の動画作成ソフト。エフェクト、テンプレートがそろっているた
め使いやすい。文字を入れる位置が決まっている。

Premiere Elements

https://www.adobe.com/jp/products/premiere-elements.html
使いやすいビデオ編集ツールで簡単にムービーを作成できる。写真のトリミ
ングや動画とのコラージュも可能。Windows 版、Mac 版共にあり。有料。

BGM 選びの注意点

　謝恩会で流したスライドショーを DVD に焼いて保護者や先生に配
る場合、BGM は著作権フリーの音楽を選ぶ必要があります。

　フリー BGM（音楽素材）を無料でダウンロードできるサイト
「DOVA-SYNDROME」(https://dova-s.jp/) などを利用すると良いでしょう。

　また、スライドショーを作る場合は、早め早めの準備が必要です。
下の表を参考に、謝恩会に向けて大まかなスケジュールを立てて準
備を行いましょう。

スライドショー作り、こう乗り切りました！

ママたちのクチコミ

お金はかかるけど業者に委託することに

スライドショーは上映したい、でも作れる人がいないという状況でした。そこで保護者にアンケートをとり、皆でお金を集めて業者に委託することに。お金はかかりましたが、DVDにして記念品として配ることもでき良かったと思います。

ようこさん (小学生ママ)

ビデオ編集ツールを使って夜中に作業

初心者のため、ビデオ編集ツールの入門から勉強して調べながら作業しました。編集作業は11月から開始。余裕を持って始めたつもりでしたが意外と時間がかかり、1〜2月は子どもが寝てから夜中に編集。幸いにも嫌いではない作業で、苦にはなりませんでした。

M.Yさん (園ママ)

担任の先生が作ってくれました

何と！　担任の先生が、スライドショー係をかってでてくれました。全面的にお任せしてしまったのですが、先生の目線で子どもたちの成長がまとめられていて、見ながらウルウルしている保護者がたくさんいました。

ゆみこさん (小学生ママ)

映像関係の仕事をしているパパに依頼

卒対委員の中に、映像関係の会社につとめているパパさんがいたため、その方にお願いしました。画像やテロップの文字資料はこちらで集め、それを渡しただけ！短期間でクオリティの高いスライドショーが完成しました。

K.Iさん (園ママ)

泣かせるスライドショーの作り方 | 97

飲食係は会場やスタイルにより臨機応変に

謝恩会会場での飲食をどうするかを考え、手配をする飲食係。会場やスタイルにより、やるべきことも変わります。子どもはもちろん、大人にも喜ばれる食事を提供するためのポイントをしっかりと押さえましょう。

事前にアレルギーの有無もチェック

ホテルやレストランなどで行う場合は、**参加人数が決まった時点で先方の担当者と打ち合わせ**を行います。料理は参加者が楽しみにしている部分でもあるので、手は抜けません。**予算内で一品増やすなどに対応してくれる**会場もあるので、妥協せずに確認しましょう。

また、子ども向けと大人向けのメニューは別にし、**アレルギー対応ができるのかも事前に確認**しておきましょう。飲みものは、フリードリンク制にする場合が多いですが、決められたもの以外は別料金となるため、種類の確認を必ず行います。

お弁当は近くのスーパーなどで手軽に

体育館や園のホールで昼どきに行う場合は、**お弁当や飲み物の手配**が必要です。**お弁当は近くのスーパーなどへのオーダー**も可能。子ども向けのお弁当に対応してくれるところも多いです。その他、宅配弁当店を利用する方法も。

《飲食係のお仕事の流れの例》

ホテル・レストランで行う場合

年明け、参加人数が決まったら担当者と打ち合わせ

- ・予算と人数の確認
  （大人・子どもの内訳）
- ・料理の内容
- ・デザートの内容
- ・ドリンクの内容
- ・アレルギー対応について
  など

必要に応じ、担当者や保護者と連絡

- ・担当者には人数やメニューについて
- ・保護者にはアレルギーについて

謝恩会前日 or 前々日に担当者に最終連絡

人数の変更などがあれば伝える

謝恩会当日

会の前後、会場担当者に挨拶

園のホール・体育館で行う場合

年内のうちに、どこで購入するか下調べ

- ・スーパー
- ・宅配弁当店
- ・ネットデリバリー

お店とメニューを決定。参加人数が決まったらオーダー。

当日の受け渡し時刻や場所を確認

割り箸やお手ふき、ストローなどの有無もチェック

当日、受け取り次第会場にならべる

食べ終わった箱は持ち帰ってもらうのかを決めておく

飲食係は会場やスタイルにより臨機応変に | 99

なごやかに決めよう！卒対委員長のあいさつ

謝恩会のプログラムで、卒対委員長のあいさつが入ることがあります。卒対の代表としてお世話になった感謝の気持ちを伝えましょう。

序論・本論・結論の3段階に分け3分程度で

スピーチの構成の基本は、「序論・本論・結論」です。まず最初に時候のあいさつや簡単な自己紹介をし、本論で主要なテーマについて話します。最後に話をまとめ、お礼の言葉などを述べましょう。

あいさつは、3分前後でまとめるのが一般的です。短すぎるとぶっきらぼうですし、長すぎると相手があきてしまいます。

聞きやすいと言われている言葉は、1分間に300字程度。3分間なら1,000字くらいを目安に原稿を考えましょう。

先生方への感謝、子ども達の成長の喜びを伝える

スピーチの中では、冒頭で、先生方にお世話になった感謝の気持ちを伝えます。入学・入園から一段と成長した姿で卒業式・卒園式を迎えることができたのは、先生方の指導の賜物。そのことを改めて言葉にして伝えましょう。

おごそかな中にもなごやかな雰囲気づくりを意識し、参加者全員で、卒園・卒業の喜びを共有できるようなフレーズでまとめましょう。

《卒対委員長のあいさつ一例（幼稚園の場合）》

　皆さん、こんにちは。卒対委員長の△△△△と申します。

本日はお忙しいなか、**○○幼稚園謝恩会にご出席いただきまして、ありがとうございます。**

> 自己紹介のあと、出席者へのお礼を述べます。

　僭越ではございますが、卒園生の保護者を代表いたしまして、一言ご挨拶させていただきます。

　本日は、立派な卒園式をありがとうございました。

　園長先生はじめ、先生方に心より御礼申し上げます。

　入園式をむかえた頃は、不安そうな顔をして登園していた子どもたち。今では毎日目をキラキラさせて、毎日元気に楽しく園生活を送ることができるようになりました。

　一人ひとりがこのように成長できましたのも、**先生方の明るい笑顔や、やさしい言葉にふれることができたおかげです。**

> お世話になった先生への感謝の言葉を述べます。

　心から感謝申し上げます。

　また、**保護者の皆さま、お子さまのご卒園、おめでとうございます。**

　今日のこの謝恩会の席で、幼稚園でできたご縁をさらに深めてほしいと思っております。

> 保護者へ呼びかけましょう。

　本日この会を開くにあたりましては、卒対委員の皆さんはじめ、たくさんの方々にご協力いただきました。この場をお借りして、感謝いたします。

　それでは、最後までよろしくお付き合いください。

なごやかに決めよう！　卒対委員長のあいさつ　｜　101

卒対経験者インタビュー vol.2

謝恩会のまとめ役として
飾りつけ準備に東奔西走！
"大変さ"を楽しもう！

園ママ **A.Mさん**

Q 卒対ではどんな役割だったのですか？

　子どもが通っていた園は、園児数52名とアットホームで、全員がなにかしらの係になるルールでした。私は謝恩会のまとめ役として、謝恩会係になった保護者の希望を聞き、飾りつけの制作、当日の飾りつけ、司会進行係、準備、片付け係、お弁当＆お菓子係に割りふり、全体を見ながら調整を行いました。

　私は美術関係の学校に通っていたので、謝恩会の会場の飾りつけを考えることは苦になりませんでしたが、同じ係のママは消極的な方が多くて（笑）……。「言われたことはやります」という感じで、最初はちょっとやりにくかったですね。意見が出すぎるとまとめるのに苦労しますが、意見が出なさすぎるのも、ちょっと寂しかったです（笑）。

　まとめ役は、私の他に、パソコン係、先生との連絡係、全体連絡係の3人。4人がリーダーとなり、活動を進めていきました。

Q 幼稚園の謝恩会というと、華やかなイメージがあります。

　何年か前まで、ホテルの宴会場を貸し切って華やかに行っていたようです。でも、園の方針が変わり、「お母さんたちも準備が大変でしょうから、なるべく負担が少ないよう、シンプルにお願いします」と、最初に伝えられました。

また、「謝恩会」というと、「先生のために」というイメージが強すぎるということで、「親子で食事を楽しむ会」に変更。会場は園のホールで、卒園式の前の3月中旬くらいに開催することになりました。

突然方針が変わったのでとまどいましたが、運営は私たちにまかされていたので、昨年度の卒対さんからの引き継ぎを参考に、「私たちなりに考えましょう」ということで、スタートしました。

<u>スムーズに活動を行うためにも、園の基本方針にはできるだけ従ったほうがよい</u>と思います。

◯ 謝恩会係のリーダーとして、大変だったことを教えてください。

会場の飾りつけですね。うちの園は、昨年までは、会場の飾りつけにも力を入れていて、園のほうから「お花」「動物」など毎年テーマを提案していただき、それを元に考えていたんです。ところが、方針の変更とともに、飾りつけのテーマも特に設定されず、「どんな飾りつけでもいいので、なるべく簡単にお願いします」というお達しを受けました。

そう言われて、かえって「じゃあどんなことしようか……」と困ってしまいまして……（笑）。考えた末、バルーンで会場を飾ろうということになりました。すべてがゼロからのスタートだったのが、大変でしたね。

◯ 飾りつけは、どのように準備したのですか？

まずは、会場全体にバルーンをどのように配置するかを考えました。ホールの入り口、子どもたちが入場してくる通路、テーブルまわり、ステージなどのサイズを測り、それぞれの場所にどんな風船をどのように配置するかをプランニング。<u>バルーンにくわしい知り合いから紹介して</u>もらったパーティ専門店にメンバーと一緒に通い、スタッフの方に教えてもらいながらイメージを固めていきました。

卒対経験者インタビュー vol.2 | 103

Q 準備が大変だったのでは？

　バルーンのふくらませ方や配置のアイディアなどは、"You Tube 先生"にもずいぶんお世話になりましたね（笑）。園のホールは、3日間設営OKだったので、2日前から準備。ステージ周りに水色のお花をちりばめ、入場通路にはバルーンアーチをつくりました。

　バルーンは、作業が大変というイメージがありますが、コツをつかんでしまえばそうでもないですよ。メンバーのお母さんたちはきちんと手伝ってくれましたし、当日、ほかのお母さんたちから「かわいい！」「素敵！」と言ってもらえて嬉しかったです。

　私が一人で決めなくてはいけないことが多く、苦労もありましたが、"やりきった感"はありましたね。子どもの園生活の良い思い出になりました。

Q 飾りつけ以外に、謝恩会係で思い出に残る活動は？

　謝恩会のプログラム作成や、スライドショーで流した映像を録画し卒園記念品として渡したDVDケースのデザインなどですね。無料のテンプレートを利用しながら制作したのですが、凝り出すと止まらなくなるタイプで・・（笑）。楽しませていただきました。（笑）オリジナリティを出すために、子どもの写真を入れたりなど、自分なりに工夫を施しました。

Q 司会や余興はどのように行ったのですか？

　司会や余興は、お母さんが担当する園も多いと思うのですが、お母さんが司会にたってしまうと、そのお母さんの子は、会の最中ひとりぼっちで寂しいですよね。余興も、**お母さん同士で行うとなるといろいろもめごとも多いので**（笑）、**毎年プロの方に頼んでいます**。

　私たちの代では、パントマイムをやってもらいました。謝恩会の予算の中でやりくりができれば、プロの方の力を借りるのも良いと

104 ｜ 〈第2章〉謝恩会係を楽しくラクに乗り切る方法

思います。

まとめ役4人のチームワークは良かったですか？

良かったです！　それぞれの得意分野を生かして役割分担できたので、仕事が進めやすかったですね。活動がいちばん忙しい2月くらいに、まとめ役の一人が出産のためお休みに。3人でまとめなくてはいけなくなったのが大変でしたが、活動を通してとても仲良くなれました。<u>卒園後も、ずっと付き合いが続いています。</u>

これから卒対にかかわる人、真っ最中の人に向けてメッセージやアドバイスをお願いします。

活動している最中は「大変！」と思うことも多いですが、振り返ってみると、その大変さをもっと楽しめたら良かったな、と思います。当たり前ですが、<u>子どもが卒園したら、卒対の活動も終わり</u>。その時その時を目いっぱい楽しんでください！

卒園式、謝恩会のシーズンは、インフルエンザをはじめ感染症がはやる時期。せっかくの日に体調を崩して欠席というのは残念なので、お子さんはもちろん、保護者の皆さんも、体調管理にはくれぐれも気をつけて準備に臨んでください。

A.Mさん直伝！
卒対を楽しくラクに乗り切る5つのポイント

1. リーダーになる場合は、得意分野を引き受ける
2. 困った時は、その分野にくわしい知り合いに相談してみる
3. すべて自分たちでやろうとせず、必要に応じてプロの手をかりる
4. 園の方針には従うほうが良い
5. 大変だけど、その大変さを楽しむ！

第 **3** 章

アルバム係、記念品係を
楽しくラクに乗り切る方法

アルバム係

卒園・卒業アルバム係に なったらまずすること

子ども時代の思い出として一生手元に残る卒園・卒業アルバム。アルバム係は、そのアルバム制作を担う活動を行います。「大変！」というイメージがありますが、工夫次第で手間を省けます。

卒対が主体となってアルバムを作るケースが多い

　園や小学校でのわが子の成長を振り返ることができる卒園・卒業アルバム。少しでも、魅力のあるものを作りたいですよね。

　卒園アルバムも卒業アルバムも、その制作にはなんらかの形で卒対が関わることがほとんどですが、次のパターンが多いです。

---

①園・学校からの依頼で**業者さんが撮影から制作まですべて行う。**
　（園の場合は、先生が制作することもあります）

②園・学校、業者さんと協力しあいながら、**卒対が主体となって制作を行う。**

③撮影から制作まで、**すべて卒対が行う。**

中でもいちばん多いのが、②のパターンです。

　また、卒園アルバムと卒業アルバムそれぞれの傾向に注目すると、

●卒園アルバムは、凝ったデザインにしたり個人ページを作ったりなど**手作り感にあふれるタイプ**が多い。

●卒業アルバムは、写真が整然と並ぶ**スタンダードタイプ**が多い。

108　｜　〈第3章〉アルバム係、記念品係を楽しくラクに乗り切る方法

園は、小学校と比較すると、教育方針や子どもたちの人数、行事、園と保護者の関わり方などがかなり異なるため、卒園アルバムにもそれぞれの"園らしさ"が出る傾向があります。アルバムのあとに、<u>子どもたちが将来の夢などについて書いた文集</u>が続くことも多いです。

アルバム係になったらまずすること8つ

　アルバム係は、年度始めから卒園・卒業前後の納品まで長期間にわたり、写真選びをはじめ地道な作業が続きます。効率よく作業が進められるよう、最初のミーティングの時に、以下の内容について決めましょう。

① どんなアルバムにするか決める

　過去のアルバム、きょうだいのアルバムなどを皆で持ち寄り、それらを参考にしながら表紙や中ページのイメージを固めましょう。「すっきり見やすいアルバム」「にぎやかで元気な雰囲気のアルバム」など、メンバー全員で認識を共有することが大切です。

② アルバムの大きさ、ページ数を決める

　サイズやページ数によって、予算も異なってきます。ページ数は多過ぎず少なすぎず、ある程度のボリュームは確保したいもの。
　ちなみに、<u>卒園アルバム・卒業アルバムともに、多い大きさは、A4サイズ、20〜24ページ仕立て</u>。アルバムに続き、文集が入るケースが多いです。

③ 予算、印刷業者を決める

昨年度までの実績を参考に1冊あたりの予算を決め、印刷業者を選定します。印刷会社は、**園・学校が提携している会社**があればそこでやりとりを進めるのが一般的ですが、**アルバム委員が個人的に知っている印刷会社**や、印刷費が安くすむ印刷会社があれば、そちらにお願いするのもよいでしょう。**複数の印刷会社に見積もりを出してもらい比較検討すると、コスト削減につながります。**

④ 納品日、納品部数を決める

完成した卒園・卒業アルバムの引き渡し時期を決めます。

具体的には、以下の2パターンになります。

（A）卒園・卒業式当日
（B）卒園・卒業式が終わって年度が変わった5〜7月頃

（A）の場合、印刷会社は、卒園・卒業式直前の3月がかなり混むので、予約も早い段階で埋まってしまいます。（B）の**卒園・卒業式の後に引き渡す場合は、料金を割り引く業者もあります**。また、卒園・卒業式当日の写真もアルバムに掲載できるため、タイムリーさは薄れますが（B）パターンの納品も増えています。

納品部数は「子どもの数＋先生方の数＋予備」が一般的です。

⑤ 園・学校の年間行事をチェックする

年度始め、園や学校から配布される年間行事予定表をチェックし、どの行事をアルバムに掲載するかを検討しましょう。

⑥ アルバム委員のパソコン所有、スキルについて確認する

アルバム作りに欠かせないのが、パソコンの保有とそのスキル。まずは、メンバー内で、アルバム作りのために使用できるパソコンを持っている人がどのくらいいるかを確認します。

加えて、画像の取り込み、画像の処理、レイアウトなど、アルバム制作する上で必要なスキルの有無についても、皆で確認しましょう。

パソコンを所有し、画像処理のスキルを持っている人が中心となって作業を進めると、スムーズに作業が進みます。

⑦ 役割分担を行う

特定の人に負担がかかりすぎないよう配慮しながら役割を分担します。

具体的には、以下の2つに分かれます。

●画像処理、デザイン係➡得意な人が担当するのが望ましい

●写真選び係➡ページごと、行事ごとなど分担制にする

写真選び係は、行事ごと、ページごとなど、内容によりさらに細かく分かれます。**アルバム委員の総人数にもよりますが、それぞれの担当は、複数の人数で担うように工夫する**とリスク回避につながります。トラブルが起きた際に、他のだれかがフォローできる体制を整えておくことが大切です。

インターネット上に写真やデータを保存しメンバーで共有できるクラウドドライブサービスを利用する（☞ p.128）など、なるべく多くの人が平等に関われる進め方を考えましょう。

卒園・卒業アルバム係になったらまずすること ｜ 111

⑧ 制作方法を決める

卒園・卒業アルバムの制作方法は、アルバム委員が写真選び、ラフレイアウトまで作成して印刷会社のデザイナーにレイアウトしてもらう「**オーダー制作**」、写真を選び、自分たちでレイアウトあるいは専用のテンプレートで完全データまで作成する「**フル制作**」、自分たちで写真を切りばりし、シールやマスキングテープなどを使ってオリジナルで仕上げる「**手づくり制作**」と、大きく3つがあります。

まずは、自分たちはどのスタイルでアルバムを作っていくのかを決めましょう。ページごとに異なる制作方法でも請け負ってくれる印刷会社も多いので、適宜相談するとよいでしょう。

卒園・卒業アルバム専門の印刷会社も

印刷会社の中には、**卒園、卒業アルバムの制作をメインに行っているところも**あります。行事の撮影からレイアウト、印刷までトータルでの請け負い可能な会社、選んだ写真をそのままはめこむ専用の制作ソフトが使えるシステムがある印刷会社など、それぞれ特徴が異なります。

メンバーのスキル、アルバムに求めるクオリティ、予算などを考慮しながら選ぶことをおすすめします。次ページで、卒園・卒業アルバム専門の印刷会社を紹介します。候補のひとつとしてお考えください。

卒園・卒業アルバム専門の印刷会社（例）

夢ふぉと　https://www.yumephoto.com/
専用の制作ソフトを使って自由に作れる「パソコン制作」、専用の台紙に写真や
イラストをはりつけていく「切り貼り制作」、専任のデザイナーが作成する「デザ
イナー制作」の3種類ある。

株式会社アペックス　https://www.appx.co.jp/
写真を2ページごとに選ぶだけで自動的にデザインしてくれる「おまかせ編集」、
好きなパターンを選んで写真を貼り付けていく「パターン編集」など5種類の中
から制作方法を選べる。

東洋アート　https://www.toyo-art.com/index.html
表紙を含め高品質をコンセプトとしたプラン、お手ごろ価格のエコノミープラン、
手軽な小冊子アルバムプランなど、予算に応じた対応が可能。

株式会社イシクラ　http://www.ishikura.co.jp/sotuaru.php
アルバム専用のパターン集を利用すると、初心者でも比較的簡単に制作できる。
シーズンオフの場合は約1カ月で納品が可能。

イシダ印刷　https://www.lowcost-print.com/use/album/
完全データ（PDF）の印刷、製本、発送まで自社で行い全国どこでも送料無料。
5、6冊など少部数でもオーダーできる。卒業シーズンの繁忙期でも、柔軟に
対応。

安達写真印刷　https://www.adachi-printing.co.jp/
800種類以上のデザインストックからリクエストに応じたアルバムを制作。4種
類の入稿方法から選べる。DVD作成などのオプションサービスもある。

アルバム係

ここが肝心！
アルバム作りのスケジュール

ページ構成から写真選び、入稿、校正まで、たくさんのプロセスを経て作られるアルバム。納品日ぎりぎりになって慌てないためにも、余裕をもったスケジュールを組みましょう。

🌸 5月までに印刷会社決定。繁忙期は11～12月

　遅くとも5月くらいまでには、役割分担、制作方法、印刷会社を決めておきます。その後、5月～6月くらいから、ページ割（☞ p116）の検討→写真集め、写真選び、写真撮影と続きます。

　ページ割が決まったら、各ページの内容に合わせ、運動会やお遊戯会、学芸会、遠足など過去の行事の写真を写真屋さんから取り寄せる、新たに写真撮影を行うなどの作業に取りかかります。

　新たな写真撮影の内容は、

- 子ども一人ひとりの個人写真
- 先生の写真
- クラスの全体写真
- 運動会や学芸会など行事の写真
- 小学生の場合はクラブや委員会の写真
- 園舎、校舎、教室など施設の写真

など。活動スタートから納品までのスケジュールの一例を紹介します。（式当日に配布、式の後5月～7月に配布、それぞれの場合）

114 ｜ 〈第3章〉アルバム係、記念品係を楽しくラクに乗り切る方法

《 アルバム制作のスケジュール（例）》

4月	●顔合わせ　●園・学校行事チェック ●アルバムの体裁、納品日を検討、決定 ●入稿方法を決定　●役割分担	
5月	●印刷会社を決める	
6月	●個人写真撮影　●ページ構成決定 ●過去の行事の画像を集め、写真選び開始	
7月	●夏休み前に進行状況の共有、夏休み開けのスケジュールを確認	
8月	●夏休み	
	〈卒園・卒業式当日に配布の場合〉	〈卒園・卒業式の後に配布の場合〉
9月	●制作開始	●写真整理、写真選び
10月	●制作	↓
11月	●制作	
12月	●入稿	●制作開始
1月	●校正	●制作
2月	●校正戻し、校了	●制作
3月	●納品、配布	●制作、入稿
4月		●校正
5月		●校正戻し、校了
6月		●納品、配布

アルバム係

アルバムのページ構成で
勝負が決まる!

アルバムの総ページ数が決まったら、どのページにどんな写真を載せるのかを組み立てる「ページ割」の作業に入ります。個人写真、クラス写真、行事写真をバランスよく組み込みましょう。

🌸 個人写真、行事写真などメリハリをつけよう

卒園・卒業アルバムに見られる基本パターンは、以下です。

アルバムを開いてすぐのページは「扉」と呼びます。扉には、

●園名、学校名や年度

●校歌や園歌

●教育理念

などが掲載されます。園舎や校舎の写真が全面に敷かれることも。

次のページから入る要素は、園も学校も、以下のとおりです。

●先生方の写真

●個人写真、クラス写真、全体集合写真

●（小学校は）委員会、クラブ活動写真

●遠足、プール、夏祭り、運動会、お遊戯会、学芸会などの行事

●お弁当、給食、遊びの時間など、日々のスナップ写真

●メッセージや成長記録のページ

ページ構成の一例を紹介します。

116 ｜ 〈第3章〉アルバム係、記念品係を楽しくラクに乗り切る方法

【卒園アルバムページ構成（例）】

（20p／卒園式前に納品）

ページ数	内　容
1	表紙
2	扉
3	園バッグと帽子の写真
4	先生方の写真
5	
6	ももぐみ個人写真
7	
8	さくらぐみ個人写真
9	
10	ゆりぐみ個人写真
11	
12	遠足
13	プール、すいかわり
14	運動会
15	おいもほり
16	園庭で遊ぶ風景
17	お遊戯会
18	生活グループ写真
19	
20	裏表紙

納品を卒園前にすると、卒園式の写真は入りません

【卒業アルバムページ構成（例）】

（24P／5月〜7月に納品）

ページ数	内　容
1	表紙
2	扉
3	本人の顔写真
4	先生方の写真
5	
6	1組個人写真
7	
8	2組個人写真
9	
10	図工、音楽、英語、家庭科授業風景
11	
12	委員会
13	クラブ
14	1年〜4年の思い出
15	
16	5年移動教室
17	
18	6年移動教室
19	
20	5年〜6年の思い出
21	
22	卒業を祝う会
23	卒業式
24	裏表紙

納品を5月〜7月にすることで、卒業式の写真をアルバムに入れることができます

アルバムのページ構成で 勝負が決まる！　｜　117

アルバム係

シンプル？　にぎやか？
アルバム表紙のデザイン

卒園・卒業アルバムは表紙も大切な要素です。シンプルに統一するか、にぎやかなイメージにするかで雰囲気はだいぶ変わります。

デザインはもちろん紙質も検討したい

　アルバムの表紙は卒業アルバムの「顔」。よく見られるアルバム表紙のデザインパターンは、以下です。

●シンプルデザイン

　レザーやビニール、布など無地にアルバムのタイトル、園や学校の名前、卒園・卒業の年、園章・校章を入れるシンプルなパターン。小学校の卒業アルバムでよく見られます。

●写真や絵を使ったデザイン

　子どもの集合写真や園の写真などを表紙にしたものです。子どもの個別写真、子どもが描いた絵や自画像を使い、一人ひとり違う表紙にする場合もあります。園のアルバムではこのパターンが好まれています。

●切りばり手作りデザイン

　かわいいイラストや文字、シールなどの装飾素材を切りばりして作る表紙です。手作り度満点。園のアルバムでよく見られます。

118 　｜　〈第3章〉アルバム係、記念品係を楽しくラクに乗り切る方法

●**真っ白な表紙にあとから手作りするデザイン**

　表紙を真っ白な状態にしておき、手元に届いてから親子で絵を描いたり、写真をはったりなど、<u>自由に創作可能なデザイン</u>です。園のアルバムでよくみられます。

🌸 表紙は紙質にもこだわりたい

　表紙に使う紙も選べることが多いです。見本をチェックし高級感のあるものを。

　無地の場合、色は、<u>赤、ピンク、水色</u>が人気。アルバムのタイトル文字を、<u>金色、銀色で箔押し</u>するなどの加工も可能です。

　また、多少割高になりますが、<u>専用のアルバムケース</u>をつけると高級感が増します。

〈 表紙のパターン例 〉

●シンプルデザイン　　●写真や絵を使った　　●オリジナル
　　　　　　　　　　　　デザイン　　　　　　　デザイン

文字のみでシンプルに

桜の写真を全面に敷いて

子どもの写真を表紙に

アルバム係、こう取り組みました！

ママたちのクチコミ

アルバム制作を通して子ども達の顔を覚えたい！

子どもがお世話になったお友達の顔と名前が一致していなかったので、アルバム係になったことをきっかけに、「全員の顔と名前を覚えること」を目標に取り組みました。卒業式の頃には完璧に覚え、子ども達に親しみがわきました。

S.K さん (小学生ママ)

会議の効率化のため、たたき台を作っておく

アルバム係のリーダーに。メンバーは皆仕事をしていて、会議に集まってから意見を出し合っていると時間があっいう間にたってしまいます。そこで、ある程度のたたき台を作っておき、それをベースに意見交換を行いました。

ようこ さん (園ママ)

いいものを安く作りたいと目標をたてて

育児が少し落ち着いた時期だったので、前からやってみたかったアルバム係に。費用はあまりかからないけれど充実した内容にしたいと理想は高く、撮影の上手なパパさんに行事撮影をお願いするなど工夫しました。

まさよ さん (園ママ)

制作作業の経験を通してレイアウトの勉強に

前からレイアウトに興味があり、機会があればやってみたいと思っていました。卒園アルバム専用のソフトを使って選んだ写真をはめこむ作業を担当したことで、レイアウトの基本が少し理解できました。スキルアップにつながったと思います。

M.F さん (小学生ママ)

アルバム係、ここが大変でした！

ママたちのクチコミ

家でのパソコン作業を夫に反対された！

卒対の活動に難色を示していた夫。家のパソコンを使ってレイアウト作業をしていたら、「家のモノを勝手に使うな！」と激怒され、一切仕事ができなくなってしまいました。仕方なく他のメンバーに変わってもらいましたが、精神的に疲れました。

M.K さん（園ママ）

ラストスパートがつらすぎて反省……

卒園式の写真もアルバムに含めたため、本格的な制作は、新年度の4月以降。入学準備や新年度のドタバタが重なり忙しかったです。もっと早くから制作をはじめ、卒園式前にはほとんどのページを終わらせておけばよかったと大反省！

Y.I さん（園ママ）

撮影係で息子のいいシーンを見逃した！

撮影係をつとめ、行事の写真を撮っていたのですが、他のママからデータを欲しいと言われたり、カメラばかりのぞいていて息子のいいシーンを見逃したり・・。意外と損な役割で、ちょっと辛かったです。

まさみ さん（園ママ）

完成直前に、まさかの誤字発見！

入稿、校正とスムーズに進み、最後の文字チェックも完璧！…と、印刷会社に連絡を入れた翌日、子どもの名前の字が2人も間違っていたことが発覚。修正も間に合い事無きを得ましたが、ひやっとしました。文字チェックはぬかりなく！

もとこ さん（小学生ママ）

シンプル？　にぎやか？　アルバム表紙のデザイン　｜　121

アルバム係

最難関!
写真選びはこう乗り切る!

膨大な量の画像の中からアルバムにのせる写真を選ぶ作業は、時間と手間がかかるもの。最小限の労力ですませるための方法と、写真選びのコツについて紹介します。

❀ 写真選びは1回につき2時間が限度

　一度に全ページの写真を選ぼうとしても無理があります。担当を決めたら、「この日は●●の写真を選ぶ」など、スケジュールを立ててから進めることをおすすめします。<u>写真選びの時間は、集中力を考慮すると「2時間」程度がベスト</u>。レイアウトの時間を十分にとるためにも、早め早めの進行を心がけましょう。

❀ 写っている「人数」、写真の「内容」にメリハリをつけて選ぶ

　写真は、<u>ピントが合っているもの</u>を選ぶのは絶対条件。以下のような写真は、アルバム掲載に適さないので注意して選びましょう。

✖ピンぼけ（ピントがぼけている）写真

✖手ブレの状態で撮影され不鮮明な写真

✖明るすぎる写真、暗すぎる写真

✖アップすぎる（被写体によりすぎている）写真

122 　｜　〈第3章〉アルバム係、記念品係を楽しくラクに乗り切る方法

アングルが良くても、写真が良くなければアルバムの印象は台無しです。また、**ピンぼけ・手ブレ写真は補正はほぼNG**と思ってください。

また、行事の写真を選ぶ場合、たとえば運動会なら

●徒競走の写真

●組体操の写真

●応援風景

など、「競技内容」のメリハリに加え、

●大人数が写っている写真

●2、3人の子がアップで写っている写真

など、「人数」のメリハリもつけて選ぶことを意識しましょう。特定の子が写っている写真ばかりを選ぶのもNGです（☞ p.126）。

アップの写真は、写っている子の表情もチェックし、笑顔の写真、楽しそうな表情の写真を選びましょう。

A4サイズのアルバムなら1ページ最大15枚程度

1ページでどのくらいの点数の写真を選んだらよいのか、悩んでしまいがち。**A4サイズのアルバムの場合、「1ページで最大15枚程度」が目安**です。もちろん、もっとたくさんの写真を載せてもOKですが、このようなページが続いてしまうと、全体的に雑然とした印象になってしまうことも。

点数をしぼって**ゆったり見せるページ**、たくさん使って**にぎやかに見せるページ**など、変化をつけるよう心がけましょう。

最難関！　写真選びはこう乗り切る！　｜　123

画像データのサイズもチェック

　プロのカメラマンや写真館が撮った写真なら問題ありませんが、保護者がスマートフォンで撮った写真を使う場合は、データをやりとりする際に、自動的に画質が落ちてしまうことがあります。

　画像データのサイズは、MB（メガバイト）という単位で表されます。

> ● 個人写真は約 1MB 以上
> ● 2 人〜5 人が写ったスナップ写真は約 2MB 以上
> ● クラスなどの集合写真は約 3MB 以上
> ● 見開き全面に写真を敷く場合は約 9MB 以上

を目安に選ぶと安心です。

保護者から写真を集める時は、リクエストを具体的に

　アルバムに子ども一人ずつの紹介ページがある場合、保護者から、赤ちゃん時代の写真を集めることもあります。その際は、「どんな写真を、いつまでに、どのような方法で送るか」をわかりやすく伝えましょう。以下のような方法で送ってもらいましょう。

> ● E メールに画像データを添付して送信してもらう
> ● LINE で画像データを送信してもらう

　LINE で送ってもらう場合は、データ送信の「画質設定」を「オリジナル画質」の状態で送ってもらうよう、お便りやメールなどでお願いします。（☞ p.125）

子どもが赤ちゃんの頃の写真は、プリント写真として保存している家庭も多いもの。プリント写真をそのまま印刷素材として使うと不鮮明になってしまうので、デジタルデータに変換する必要があります。デジタルデータに変換する場合は、

- スキャナーを使ってスキャンし、SD カード等に入れる
- Google のアプリ「フォトスキャン」をインストールしてスキャンする（https://www.google.com/photos/scan/）
- コンビニに記録用の SD カードや USB メモリを持参しスキャンする

以上のいずれかの方法で行うとよいでしょう。

《保護者から写真を集める時の手紙の書き方（例）》

前略
　いつも卒園対策委員会の活動にご協力いただきありがとうございます。
　卒園アルバムの個人ページに、お子さまが赤ちゃんの頃の写真を掲載したいと思います。お忙しいなかおそれいりますが、●月△日（水）までに、卒対のメールアドレス※※※※※まで、画像を添付して送信ください。
　以下、注意事項を列記させていただきます。

- 件名は、「クラスとお子さんの名前（フルネーム）」で。
- 添付画像ファイル名も、「クラスとお子さんの名前」で。
- 画像データは、可能であれば 1MB 以上のものを。

　LINE でお送りくださる場合は、データ送信の「画質設定」を「オリジナル画質」の状態でお願いいたします。
　　　　　　　　　　　　　　　　　　　　　　　　　　　草々

子どもの登場回数は、カウントシートを使ってチェック！

卒園・卒業アルバムは、子どもたちができるだけ均等にアルバムに載るよう構成することが不可欠。アルバム委員の悩みどころでもありますが、「面倒だなぁ」とネガティブにとらえず、「この機会に子どもたちの顔を全員覚えちゃおう！」と前向きに作業をすすめたいものです。

おすすめはチェックシート（☞ p.127）を作ること。写真選びが終わって大体のレイアウトが固まったページから、その子が写っている大きさを点数方式にして集計し、その点数に差が出ないよう配慮しましょう。

点数は、写真の写り具合で1点、2点、3点とカウント

全ページの写真選びが終わったら、写真の登場回数を均等化するために、

- 7、8人以上の集合写真に写っていたら1点
- 4〜6人の写真に写っていたら2点
- 2、3人の写真に写っていたら3点

などと決め、全ページの全写真をチェック。

子ども別に点数化し、合計点を算出します。

合計点の差が2〜4点くらいになるよう、必要に応じて写真をトリミングしたり、差し替えたりします。

一人で作業すると時間も手間もかかってしまいますし、写っている子の名前がわからない場合もあるので、複数のメンバーでで作業することをおすすめします。

《 カウントシート表（例）》

子どもの名前	2〜3p	4〜5p	6〜7p	8〜9p	・・・	合計
秋山太郎	1	3	2	1		
石川ひろみ	1	1	2	2		
宇野拓巳	3	1	1	1		
内山加奈	1	1	2	1		

名簿順に子どもの名前を記す

2Pごとに区切ってカウント

合計点を記入

アルバム係

アルバム作りを
効率よく進めるポイント

アルバム作りは、役割分担を工夫したり、編集ソフトを利用することによって、手間を省くこともできます。アルバム作りを効率よく進める方法を紹介します。

❀ インターネットのサービスを利用して画像を共有

　委員全員がひとつの場所に集まって作業することが難しい場合は、インターネット上に写真やデータを保存する<u>クラウドドライブサービスを利用し、メンバーで共有する</u>のがおすすめです。

　卒園・卒業アルバム制作でよく使われているクラウドドライブサービスは、以下のとおりです。

Google Drive（グーグルドライブ）

https://www.google.com/intl/ja_ALL/drive/

Google が提供するクラウドサービス。シンプルな画面で操作も簡単なため、アルバム委員の間で利用率が高い。無料版では 15GB まで利用可能。

Dropbox（ドロップボックス）

https://www.dropbox.com/ja/

使いやすく、スマホからのアップロードが簡単にできる。ボタンひとつでファイルを共有できる便利な機能もある。

30 日アルバム

https://30d.jp/

投稿用のメールアドレスに、パソコン・スマホから写真を添付したメールを送ることで、写真を投稿することができる。

128　|　〈第 3 章〉アルバム係、記念品係を楽しくラクに乗り切る方法

卒園・卒業アルバム制作ソフトで制作する

　レイアウトの手間を省きたい場合は、印刷会社により保有している**卒園・卒業アルバム専用のソフト**を利用することをおすすめします。パソコンスキルがある方に作業が集中してしまいますが、写真さえ集めてしまえば簡単な操作でレイアウトが可能です。その上、**かわいいスタンプやひな形がたくさん**。初心者でも"ひとつの形"として仕上げることができます。

　さまざまな制作ソフトがありますので、使用する場合は仕上がり見本や予算を比較検討しながら決めましょう。

アンケート集計は便利ツールを使おう

　個人ページで、「大人になったらなりたい職業」「園（小学校）でいちばん楽しかったこと」など保護者を通してアンケートを送り、回答を集計する場合も、オンラインサービスを利用すると便利。以下のサービスがおすすめです。

クリエイティブサーベイ

https://jp.creativesurvey.com/basic-introduction
クリエイティブサーベイ株式会社が提供するアンケート無料サービス。質問事項を入力し、デザインを決め、公開設定して回答を確認するシンプルで使いやすい機能が魅力。

Google フォーム

https://www.google.com/inti/ja_jp/forms/about/
Google ドライブからアンケート作成画面に簡単に入ることができるので、画像共有で Google ドライブを使っているアルバム委員におすすめ。

アルバム作りを効率よく進めるポイント　｜　129

アルバム係

校正、最終チェックは
複数のメンバーで

入稿が終わり、最後の作業が校正です。子どもの名前の確認は、念入りに行いましょう。写真の見栄えも1点ずつ最終チェック！

子どもの名前は念入りにチェック！

　入稿後、印刷会社から上がってきた校正紙に目を通し、内容に誤りがないか確認する校正作業。**子どもの名前、読み仮名は、特に念入りなチェックが必要です。**校正作業は**複数のメンバーで行い**、必要に応じて保護者に直接確認するなど、ぬかりなく行いましょう。

　文字のチェックだけではなく、ページを表す数が合っているか、イラストなどの図版が指定の場所に配置されているかも、合わせて確認します。

写真の位置や色味も確認を

　写真が正しい位置に配置されているか、写真の見た目は鮮明かなど、ビジュアル面もチェックしましょう。印刷会社に校正紙を戻す場合は、直してほしいところを1カ所ずつ、口頭で確認することをおすすめします。校了した時点で、アルバムの制作作業はすべて終了です。修正がすんだデータは、印刷会社で印刷の工程に入ります。納品部数と納品日、納品先を最終確認し、納品を待ちましょう。

130 ｜ 〈第3章〉アルバム係、記念品係を楽しくラクに乗り切る方法

アルバム作り、ここがうまく行きました！

ママたちのクチコミ

クラウドドライブ
サービスを使ってラクに！

クラウドドライブサービスのひとつ「グーグルドライブ」を使用したことで、メンバーが集まれなくてもメールや写真が共有でき、作業が円滑に進みました。ドライブの立ち上げ方がわからないママにはわかるママが伝授。そこでコミュニケーションも生まれましたよ。

R.S さん (小学生ママ)

園との調整役は
ベテランママが担当

アルバム委員、意外と大変なのが、園に撮影許可をとったりなど園との調整や連絡。3人の子ども全員を通わせたベテランママが連絡係になりました。園長先生のみならず、たくさんの先生と知り合いのようで、トラブルゼロでしたよ！

R.T さん (園ママ)

下の子同士を遊ばせ
ながら自宅で作業

メンバーの中に、未就学児の下の子がいるママがいたので友達になり、下の子同士を遊ばせながら、自宅で作業を行うことも。子どもたちのケンカの仲裁で時間をとられることもありましたが（笑）、親子で、仲良くなれました。

M.F さん (小学校ママ)

卒園アルバム専門の
印刷会社で簡単デザイン

印刷会社は、卒園アルバム専門のところにしました。オリジナルのデザインパターンを選んで画像をはめこむだけ。どのデザインパターンするか決めるのに時間がかかりましたが、その後はスムーズに作業できました。

めい さん (園ママ)

校正、最終チェックは 複数のメンバーで | 131

記念品係

卒園・卒業記念品は
日常で使えるモノを！

子どもたちやお世話になった先生に送る卒園・卒業記念品は、園生活・小学校生活の思い出となるアイテム。卒園・卒業記念品を選ぶコツや、準備の際の注意点について解説します。

遅くとも夏休み開けには準備スタート！

卒園・卒業記念品選びは、<u>遅くとも夏休み開けくらいから準備を始めましょう</u>。まとまった数の注文となるため、商品によってはオーダー先と打ち合わせが必要になったり、完成するまでに時間がかかるケースがあります。

また、納品後、<u>万が一不良品があった場合にも交換できる日数の余裕が必要</u>です。秋頃までにはどんな記念品にするかを決め、<u>年内、遅くとも年明け早々には正式オーダー</u>できるよう、準備を整えられると安心です。

過去の記念品の傾向をチェック

卒園・卒業記念品は、保護者それぞれに好みや予算の感覚などがあるため、なかなか決まらないことも多いもの。

過去の記念品やその金額を調べ、<u>必要に応じて保護者からアンケートをとる</u>など、なるべくたくさんの人が納得できるように気を配りま

しょう。子どもも保護者も、笑顔で記念品を受け取れたら良いですね。

卒園・卒業記念品の予算は、園や学校によりさまざまですが、**子どもー人につき 1,000 円から 3,000 円くらいが一般的。**

過去に購入したお店から、今年度用に**最新のパンフレットが届く場合もあります**ので、参考にしてみるのもよいでしょう。購入先は、

①近所のお店（文房具、時計店など）
②近所の百貨店　量販店
③ネットショップ

があげられます。①②は店頭で現物が見られますが、ネットショップは事前に現物が見られないため、購入する場合は大きさや素材などをしっかり調べましょう。(☞ p.135)

 ## 卒園・卒業記念品として人気のアイテムはこれ！

記念品は、「一生使えるものを」と大げさに構える必要はありません。子どもが日常的に、気軽に使えるものを選ぶのがよいでしょう。卒園・卒業記念品として人気のアイテムは、以下をご参照ください。

【卒園記念品として人気のアイテム】
●**色鉛筆など文房具**
　小学校にあがっても使える文房具は、卒園記念品の定番。名入れ鉛筆、下敷きなどとセットにして贈る場合も。

●**写真やメッセージ入りマグカップ**
　マグカップに写真や文字を入れ、オリジナルの卒園記念品に。

●名入れタオルハンカチ

タオルハンカチは、何枚あってもうれしいもの。タオルハンカチに刺繍で名前を入れ、卒園記念品に。

●目覚まし時計

毎日決まった時間にひとりで起きられるよう、目覚まし時計は新生活の必須アイテム。カラフルな色使いのモノが人気です。

●子ども用おりたたみ傘

小学生になると、雨がふりそうな日は、おりたたみ傘をランドセルに入れて持ち歩くように。丈夫で使いやすいおりたたみ傘は、卒園記念品として人気です。

【卒業記念品として人気のアイテム】

●フォトフレームつきデジタル時計

卒業記念品としてデジタル時計を贈るのは定番ですが、フォトフレームがついた時計も人気。思い出の写真を飾ることができます。

●名入れシャープペンシル

中学生になると、シャープペンシルを使うことも増えてくるもの。名入れのシャープペンシルも、卒業記念品におすすめ。

●ボトルマグ

日常使いでも、部活の時も重宝するボトルマグ。シンプルなデザインが人気で、カラーバリエーションも豊富です。

●名入れハンガー

卒業記念品として、中学校の制服をかけるための名入れハンガーを贈る小学校が増えています。学校名や、校章を入れることも可能。

卒園・卒業記念品を扱うネットショップ（例）

ギフトイット　https://www.giftit.co.jp/

ノベルティ、名入れアイテムを取り扱うネットショップ。品数が豊富で名入れ、色指定も OK なので、選択肢が広がる。カタログ請求してじっくり選ぶことができる。

ほしい！ノベルティ　https://www.shop-stationery.com/

名入れ、ノベルティ、記念品総合ネットショップ。品数は約 2,000 点。激安から高級品まで価格帯も幅広いため、予算に応じて検討することができる。

フェイスマグ　http://www.face-mug.com/

オリジナルマグカップ専門のネットショップ。クラスの子ども達全員の顔写真が入ったオリジナルマグカップが好評。2、3月は混み合うので、オーダーする場合は早めに準備を。

チクタク屋　https://tikutakuya.starkids.co.jp/user_data/graduation

オリジナル時計専門のネットショップ。園や学校のマークを入れたり、子どもの名前を印字したりなど、さまざまな加工に対応。目覚まし時計、ミニ時計などバリエーションも多い。

モクソンネット　https://www.mokuson.net/use/

写真から制作するオリジナルパズルやタイムカプセル缶詰など、オリジナリティに富んだアイテムが揃う。

Kids Dream　https://kids-dream.kyoto.jp/

実店舗は京都。子どもの手描きの作品をモチーフにした似顔絵バッグ、タオル、制服キーホルダーなどに対応している。ラッピングも可能。

名入り記念品は、名前の間違いに注意！

記念品に名前を入れてもらう場合は、間違いをなくすためにも、保護者宛に手紙を書き、どのように名前を入れるのか、保護者に答えてもらってから発注します。手元に届いた時も、誤りがないかを必ず確認しましょう。

時間に余裕があれば色の選択も可能

シャープペンシルやボトルマグなど、商品によってはカラーバリエーションがあり、色を選ぶことができます。「男の子は青、女の子は赤」などと性別で色分けすることも可能ですが、色の好みはさまざまです。時間に余裕があれば、事前にアンケートをとって好みの色を選んでもらうのも一案です。

予算内でラッピングできるかも確認しておこう

記念品が決まったら、発注先に個別ラッピングをしてもらえるのか、その場合、料金はかかるのかを確認しておきましょう。

ラッピング代が有料で予算オーバーになってしまう場合は、①記念品を変更する、②他の店舗で購入を検討する、③予算内でおさまるよう、保護者有志でラッピングアイテムを100円ショップなどで購入し、包装するという手もあります。

136 ｜ 〈第3章〉アルバム係、記念品係を楽しくラクに乗り切る方法

モノに加え、お菓子を贈る園や学校も

　卒園・卒業記念品として、「モノ」だけでなくお菓子を一緒に贈ることもあります。定番は紅白まんじゅうで、近所の和菓子屋さんなどに毎年恒例で注文することが多いです。紅白まんじゅう以外では、

●おせんべい	●クッキー	●カステラ
●マドレーヌ	●マシュマロ	●キャンディ

などが人気です。お菓子は、卒園・卒業式に、<u>記念品と一緒に袋に入れて贈ります</u>。子どもの数はもちろん、先生方や式に出席いただいた地域の方々に渡すことも多いので、卒対担当の先生にも事前に確認をとり、<u>注文数を間違えないようにしましょう</u>。何かトラブルが発生した時のために、注文の際は少し多めの数で。

 ## 保護者手作りのお菓子を贈る場合は入念に準備を

　卒対メンバーの中にお菓子作りが得意な保護者がいる場合は、園の制服、学校のマークなどをモチーフに、手作りのお菓子を贈るケースもあります。中でも、アイシングでクッキーに色をつけたり絵を描いたりできる<u>アイシングクッキーが人気</u>です。贈る場合は、次の点に注意します。

- ●衛生面に気を配る（公共施設の調理室などを借りる手もあります）
- ●複数のメンバーで協力して行う
- ●製作→ラッピング→納品と段取りを事前にしっかり立てる
- ●アレルギーの子には材料を変えるなど対応する

> 記念品係

先生への卒園・卒業記念品は形に残るちょっとしたモノを

お世話になった先生へ感謝の気持ちを込めて、卒園・卒業記念プレゼントを贈ることも多いもの。どんな形式でどんな物を贈るのか、検討しましょう。

🌼 形に残る"ちょっとしたモノ"を

卒園・卒業記念品を、子どもたちだけでなく、お世話になった先生に贈ることもあります。先生への記念品は「必ず贈らなければいけないもの」ではなく、園や学校によっては慣習として毎年引き継がれているケース、その年度の卒対さんに任されるケースなど、さまざまです。

いずれにしても、**保護者の意見を取り入れながら、贈るのか否か、贈るとしたら何を贈るか**を決めていきます。

記念品を贈る場合、あまり高価なものだと、贈られる先生のほうも恐縮してしまいます。お菓子などもよいですが、食べたらなくなってしまうので、**形に残る"ちょっとしたモノ"**を贈ることをおすすめします。

🌸 先生に贈る記念品、おすすめはコレ！

先生に贈る記念品のおすすめは、次のページの通りです。先生のキャラクターや好みなどを考慮しながらセレクトしましょう。

138 ｜ 〈第3章〉アルバム係、記念品係を楽しくラクに乗り切る方法

●生花、プリザーブドフラワー

生花が定番人気ですが、長期間保存できるプリザーブドフラワーもおすすめ。壁掛けにできるものなど、さまざまなタイプがあります。

●オリジナルマグカップ

園、学校での仕事の合間にひと息つけるようなマグカップも人気。先生の名前や子どもたちの写真、メッセージを入れることも可能です。

●エプロン

園での必需品・エプロン。園独自の規定がなければ喜ばれるアイテムです。

●ボールペン

書類作成やお便り帳への記入などに欠かせないボールペン。名前入りのボールペンも喜ばれます。

●タオル、タオルハンカチ

定番かつはずれのないアイテム。2、3枚のセットでギフトBOXにして贈りましょう。名入れサービスを利用しても。

●オリジナルスタンプ

小学校の先生には、宿題チェックなどの時に子どものノートに押すスタンプも喜ばれます。先生が好きなものや得意なものをモチーフに。

●ミニ置き時計

職員室のデスクにさりげなく置けるようなミニ置き時計も実用的で喜ばれます。ペン立て付き、プリザーブドフラワーをあしらったおしゃれなものなど種類も豊富。

🌸 アルバムや寄せ書きも欠かせない！

　モノに加え、子どもたちの手書きのメッセージを集めた<u>アルバム</u><u>や寄せ書き</u>も欠かせません。よくあるのは、以下のスタイルです。

●アルバム形式

　アルバムを購入し、台紙を1枚ずつ子どもたちに配ります。そこに先生へのメッセージや絵と一緒に子どもの写真をはります。それを集め、1冊のアルバムにして先生に贈ります。予算をおさえたい場合は、**100円ショップのポストカードホルダーやポケットアルバムにファイリング**してまとめることもあります。

●寄せ書き形式

　色紙を購入し、シール式のミニカードを各家庭に配り、先生へのメッセージ、子どもの写真などをはってもらい、集めます。それらを色紙にまとめて完成。人数分のミニカードがはれるような大きさの色紙を選びます。**誰が書いたかわかるよう、名前も子どもたちに必ず書いてもらいましょう。**

🌸 スケジュールに余裕をもって制作を進めよう

　アルバムや寄せ書きは、仕上がるまでに時間がかかるため、余裕を持って計画することをおすすめします。また、冬休み明けは、さまざまな病気が流行る時期です。メッセージカードなどを集めるスケジュールも、早めに設定を。受け取りは、保護者会など親が集まる機会を利用して。遅くとも、3月上旬くらいに完成できるよう計画すると安心です。

記念品にコレを贈りました！

ママたちのクチコミ

名札デザインの
アイシングクッキーを

アイシングクッキー作りが趣味の私。園の名札をモチーフに子どもたちに贈ったら喜んでもらえるのでは…と提案したら GO サインが出て、卒園式直前に仕上がるよう調整しながら作りました。大変でしたが皆に喜んでもらえ、苦労もふきとびました！

M.Yさん (園ママ)

中学校で使えるよう
シャーペンを

小学生の間は鉛筆が必須ですが、中学生になると、シャーペンを使う機会が増えるもの。卒業記念品として、名前入りのシャーペンを贈りました。事前に好きな色を選んでもらってオーダーしたので、子どもたちにも大好評でした。

みほこさん (小学生ママ)

小学校で使うモノを
贈るのが伝統

卒園記念品は、「子どもが小学校で使うもの」をテーマに選んで贈るのが伝統です。私の代は、名入り鉛筆、消しゴム、定規、自由帳などの文房具をプレゼント。「卒園は寂しいけど、早く小学生になりたい！」と思うようです。

あすかさん (園ママ)

事前に希望を聞き
先生にエプロンを

うちの園は、先生のエプロンは「無地であれば自由」というルール。お世話になった先生に、事前に希望の色を聞き、謝恩会の時にプレゼントしました。サプライズ感はありませんが、毎日使ってもらえるモノを贈るのがいちばんだと思います。

K.Sさん (園ママ)

先生への卒園・卒業記念品は形に残るちょっとしたモノを

卒対経験者インタビュー vol.3

> 印刷会社の対応の遅さにも負けず、卒業アルバムのレイアウト係をやりきりました！

小学生ママ **L.S さん**

Q どんな役割を担ったのですか？

　小学校の卒対でアルバム委員になりました。デザイン系が得意で、保育園時代にも手作りでアルバム製作した経験があったので、「レイアウトならできます！」と手をあげました。

　児童数は 65 名で 2 クラスの小学校で、アルバム委員は 10 名。役割決めの時、レイアウトが得意な人、文章が得意な人、メールやグーグルなど IT システムに強い人、印刷会社や写真屋さんとやりとりをする人…と、<u>それぞれの得意分野を生かした形で役割分担できたので、良いチームワークがとれた</u>と思います。

Q 1年を通したアルバム委員の動きを教えてください。

　4 月に、メンバーで過去のアルバムを持ち寄って見比べながら、どんな卒業アルバムにするか、イメージを固め、ページレイアウトも決めました。<u>5 月には印刷会社を決め</u>、運動会を皮切りに、保護者が参加できる学校行事の撮影を開始。<u>6 月のお天気の良い日に、緑とアジサイをバックに個人写真撮影を行いました。</u>

　授業風景や移動教室などの写真は、先生や写真屋さんからデータをいただきながら、集まった写真はイベントやテーマごとフォルダーに分け、それぞれ担当を決めて写真選びを開始。選び終わったフォルダーの写真から順番に私がレイアウトしていき、

子どもの顔が均等に写っているかを皆で確認しながら形にしていきました。

Q 一番忙しかった時期は？

うちの学校は、卒業式の写真もアルバムに入れるため、配布は5月。完全入稿は、5月の頭でした。私一人でレイアウトしていたため、委員期間中は「常に忙しい」という状態が続きましたが、得意分野だったのでなんの苦もなく、子どもたちの様子がよくわかってむしろ楽しかったです！

Q ひとりでレイアウトして、孤独ではなかったですか？

打ち合わせや写真選びのための集まりは、月に1、2回。来られるメンバーが、私の自宅に集まって作業していたので、孤独感はなかったですね。可能なメンバーにパソコンを持ってきてもらい、グーグルドライブを利用して写真を共有しながら作業を進めました。IT系が得意な人がいて立ち上げ方を教えてもらったので、円滑に活動できました。

ただひとつ、自分のスマホで作業するとダメだったらしく、携帯に保存していた写真などが、何かの手違いでメンバーに共有されるという事が起きるので注意です！　作業はパソコンから行うことをおすすめします。

Q どんな卒業アルバムをめざしたのですか？

過去の卒業アルバムをみると、写真のレイアウトがバラバラで不自然な隙間があったり、同じページに縦書きと横書きの文字があるなどバランスが悪いものがあったので、写真がすっきりきれいにレイアウトされた見やすいアルバムをめざしました。また、どのページにも子ども達全員が入るよう、集合写真を必

ず入れるようにしました。

　個人写真のページでは、その子の成長がわかるよう、卒業時の顔写真の横に入学時の写真を小さく並べるなど、その都度アイディアを出し合って、ページごとにレイアウトを工夫しました。

Q 自分たちでレイアウトを行ったのは、得意なメンバーがいたから、という理由からですか？

　そうですね。本来なら、選んだ写真を印刷会社に丸投げするのがラクで早いのですが、「私たちはこうしたい」という希望がいろいろあったので、それなら私たちである程度作ってしまおうと。レイアウトができたページから印刷会社に入稿していったのですが、待てど暮らせど、校正が戻ってこないんです。このままだと作業がどんどん遅れてしまうので、校正紙の出力やチェックも自分たちで行い、ほぼ完全データに仕上げた形で印刷会社に渡しました。

　２、３月は、印刷会社もあちこちのアルバム制作で忙しくなるようで、手が回らなくなるようですね。

　請け負った以上は、ルールを守って欲しいと思いましたが、**こんなトラブルもあるのだな、と、勉強になりました。**

Q アルバム作りでいちばん大変だったことは？

　個人写真ページで、１年生の頃の写真を集めたのですが、集合写真や他の子と一緒に映っている写真ばかり。子ども一人ひとりのフォルダーを作り、その子がいちばんよく映っている写真を選んで１枚ずつトリミングする作業がとても大変でした。これも、印刷会社にお願いすれば対応してくれると思うのですが、なにせ動きが遅いので……（笑）。この時は、さすがに徹夜作業になってしまいましたが、やり遂げた感はありましたね（笑）。

144　｜　〈第3章〉アルバム係、記念品係を楽しくラクに乗り切る方法

メンバーのチームワークはいかがでしたか？

先ほどもお話しましたが、得意分野をもつメンバーが程よく集まり、皆で無理なく取り組めたので、途中で仲間割れしたりなどは一切なかったです。ただ、一人だけ、<u>最後まで集まりにこないメンバーさんがいまして……。その方には、活動が終わったあとの打ち上げのセッティングだけしてもらいました（笑）</u>。何かひとつだけでも、お仕事してもらったほうが、皆の気もすむかと思って（笑）。

卒対真っ最中の方に、メッセージをお願いします。

私には3人の子どもがいます。仕事もしていますので、上の子の頃は、PTAや卒対の活動なんてしたくない！と思っていました。でも、<u>実際に参加してみると、私はメンバーに恵まれているのか活動はとても楽しく、これまでに、PTAの委員は小・中・高合わせて10回、現在は中学校のPTA副会長をやっています。</u>

卒対などのPTA活動を「嫌な仕事」ととらえると、どうしても辛いものになってしまいます。学校や保護者同士で交流をもつことで、皆で仲良く子育てしていく、そんな気持ちで活動できるといいですね。

> L.Sさん直伝！

卒対を楽しくラクに乗り切る5つのポイント

1. 自分が楽しむ。すると、楽しい仲間が集まってくる
2. 悪口や陰口は言わない。来ない人を責めない
3. 自分ができることを自分が請け負う
4. 大変な時は、皆で分担する
5. できないことは、素直に「できません」と言う

第 **4** 章

卒対"あるある"
トラブルと対処法

なぜ起こる !?
卒対トラブルが起こる理由

卒対というと、PTA と同様「メンバー同士でいざこざが起こることがある」など、トラブルが多いイメージがあります。それはなぜなのでしょうか。

卒対は、「ほぼ全員が女性」というメンバー構成がほとんど

卒対のメンバーは、ほぼ全員が女性で、年齢、仕事の有無、きょうだいの有無、家庭環境など、それぞれのバックグラウンドはさまざま。価値観や考え方の違いから、意見が対立することもあります。

その場の空気を読み、皆の意見を調整できるまとめ役がいれば良いのですが、そのような人が不在だと、「気づいたら、定例会議がいつも重々しい雰囲気になっている……」などというケースも。

意見の対立、仲間われ etc. トラブルの内容はさまざま

卒対の活動において、どんなトラブルが起こりやすいのか、卒対経験者への取材やアンケートを通して多かった声を以下、あげてみます。

- あるテーマについての意見の対立をきっかけに、メンバーが分裂してしまった
- 卒対の活動に前向きな人と、そうでない人の意識の差が大きく、不満の声があがった
- リーダーに向いていない人が委員長になり、まとまらない

……など、人間関係のトラブル、

148 ｜ 〈第 4 章〉卒対 "あるある" トラブルと対処法

- 園や学校との連絡がうまくいかない
- 園や学校から、卒対の活動について口出しされる

……など、園や学校とのやりとりについてのトラブル、

- 活動期間中に病気になってしまった、妊娠がわかった
- 仕事が忙しくなり、活動への参加が難しくなった
- 家族が卒対の活動に協力的でない
- 下の子がいて活動になかなか参加できない

……など、メンバー個人がかかえるトラブル（悩み）と、大きく3つに分かれると思います。

一人ひとりの心がけ次第で良い雰囲気を作れることも

「子どもの卒園・卒業を祝うため」とはいえ、基本、ボランティアである卒対の活動。トラブルがおきてストレスを抱えてしまい、「こんなことなら、卒対なんてやらなければよかった…」などということにならないためには、どうしたらよいのでしょうか。

次のページから、卒対の活動のなかでおこりがちなトラブル事例とその対処法について、アンケートや取材をもとにまとめてみました。

自分だったらどうするかを考えながら、これからの活動の参考にしてみてください。

なぜ起こる!? 卒対トラブルが起こる理由 | 149

ケース1
意見や価値観の違いから メンバーが分裂！

よくある事例 ❶ 我の強いリーダーママ同士で対立

ミーティングでいろいろな決め事をする際、「過去に卒対経験がある」「PTA役員をつとめたことがある」など、学校のことをよく知っているママがいるとスムーズに進むケースも多いものです。

しかし、そんなママが複数いて共に我の強いタイプだと、意見が対立することも。気がついたら"ボスママ"を中心に派閥ができ、卒対の活動が終わる頃には、口もきかない冷え切った関係になってしまうこともあります。

よくある事例 ❷ 「やる気のある人」VS「やる気のない人」

「子どものために」「園生活（小学校生活）最後だから」などを理由に、卒対の活動にエネルギーを注ぐママが存在する一方、人数が足りず、仕方なく卒対に"なってしまった"というママも。こうしたモチベーションの差が仕事量の差につながることも。その結果「●●さんは卒対の仕事を全然しない」「△△さんはミーティングに来ないで困る」…といった不平不満を生み、軋轢（あつれき）が生じることがあります。

◯OK 対応　最後まで中立の立場を貫く

仲間割れがエスカレートすると、ボスママから「あなたは私の仲間よね？」的なメッセージを送られることもありますが、**最後まで「中立」の立場を貫くことをおすすめします**。派閥ができそうになった時でも、"どっちつかず"のママが多ければ、溝は深まりません。ミーティング中などにいや～な雰囲気になったら、「そういえば、あの件どうなってたっけ？」などと話題をそらす、「飴どうぞ」などお菓子を皆に分けるなど、**積極的に空気を変える努力を**。また、ミーティングの後の世間話がきっかけで、新たなトラブルが発生することもあります。終わったらすぐに引き上げましょう。

◯OK 対応　メンバー間で自己開示を心がける

卒対の活動はボランティアで、**「できる人ができる時にできることを行う」**スタンスが基本。会議にこない人に対して不満に思ったり、あまり活動に参加できない人を責めたりなどは、極力避けましょう。「私は〇〇はできます。あとお一方（ひとかた）、いっしょに活動しませんか？」「今月は仕事が忙しくてあまり参加できませんが、来月から普通に活動できます」など、**メンバー間で"自己開示"を**。

✕NG 対応　メンバー同士で他のメンバーの悪口をいう

感情的になり、**メンバー同士で他のメンバーの悪口を言うのはNG**。それが原因で、溝がますます深まってしまうこともあります。ストレスがたまったら、家族や職場の友達に話を聞いてもらいましょう。それだけでも、怒りの感情は緩和されます。

意見や価値観の違いからメンバーが分裂！　|　151

ケース2

リーダーがワンマンで、
意見を押し通す

よくある事例❶ メンバーが委員長の「イエスマン」に

　自ら立候補して就任した卒対委員長。活動への思いが強く、「私についてきてくれればいいから！」と、自分の意見をメンバーに押し通すケースも少なくないものです。

　最初は皆で意見を出し合いながら和気あいあいと活動できていたのに、気がついたら卒対委員長の独壇場に。メンバーは委員長の「イエスマン」と化し、機嫌をそこねないよう淡々と仕事をこなすのみ、という残念な事態に。「メンバー全員で子どもの卒園・卒業を祝う」という雰囲気にならず、委員長以外は"消化不良"な一年となってしまいます。

よくある事例❷ 仲良しママグループで仕切りまくり

　仲良しママグループ2、3人がリーダーとなり、仕切るパターン。さくさく仕事を進めてくれるので、周りのメンバーはラクですが、重要な伝達事項なども仲良しグループ間のみで共有し、どんどん話を進めてしまう傾向があります。仕事はしっかりやってくれるだけに、他のメンバーはむやみに文句をいうことができません。「卒対にがっつり関わりたい」と思っていた他のママにとっては、やる気のダウンにつながってしまうこともあります。

152 　〈第4章〉卒対"あるある"トラブルと対処法

◯ OK 対応　ミーティングの場を設けよう

委員長の「支配」を不満に思っているメンバーが多いのであれば、**委員長をまじえミーティングの場を設けましょう**。活動の進め方や意思決定の仕方について討論し、解決法を探っていきます。

委員長には、いきなり不満を述べるのではなく、「いつもとりまとめてくれてありがとう」と、**最初にねぎらいの言葉をかけて**から、本題について話し合うようにしましょう。

このようにならないためにも、最初の顔合わせの時に、役割分担や活動の進め方について、しっかり意見交換しておくことが大切です。

◯ OK 対応　情報共有の仕方を提案する

仲良しグループ2、3人で仕切ってしまう場合、「全員で共有したほうがいい情報は、全体 LINE を作ってそこで情報交換しませんか?」などと提案してみましょう。また、「私たち、もっと手伝えるのでなんでも言ってね」「○○の仕事は、私たちでやりますよ」など、**自ら声をかけるように心がけましょう**。

✕ NG 対応　陰口を言う

「今年の委員長さん、ワンマンだよね」「自分の意見をまげないよね」など、**委員同士で陰口を言うのは控えましょう**。ひょんなことから噂が広まり、トラブルの火種になることも。

✕ NG 対応　ミーティングをさぼる

「意見を言ってもどうせ聞いてくれないから」と、**ミーティングを無断でさぼるのは NG**。溝がどんどん深まってしまいます。

リーダーがワンマンで、意見を押し通す｜153

ケース3

卒対担当の先生と意思疎通が
うまくいかない

よくある事例❶ **園や学校主導で方針が決められやる気がダウン**

　卒対委員長は園長先生からの指名で決定、謝恩会のプログラム
や内容は毎年同じ…など、「これまでの伝統」を重んじる園、「今
年の謝恩会は、予算も内容も縮小の方向でお願いします」と通達
してくる小学校……。

　本来卒対委員で決めるべき方針や内容を、事前に園や学校から
告げられることもあります。せっかく「卒対で○○をやりたい！」
などと張り切っていた保護者も、これではモチベーションがダウ
ンしてしまいます。

よくある事例❷ **卒対担当の先生と意思疎通がうまくいかない**

　園の場合は園長先生か副園長、小学校の場合は副校長先生が、
卒対の窓口になり、協力しあいながら活動を進めていくことが多
いものです。ところが、担当の先生が多忙で不在のことが多かっ
たり、神経質で細かい方だと意思の疎通がうまくいかず、園内、
校内での写真撮影許可がなかなかおりなかったりなど、卒対の運
営が滞ってしまうこともあります。

　写真撮影の許可がおりず、アルバム係が、泣く泣くページ構成
を変える決断をせまられることも。

154 　〈第4章〉卒対 "あるある" トラブルと対処法

⭕ OK対応　話し合いの場を持つよう働きかけよう

　園や小学校で「卒対の活動内容は毎年一律」というルールがある場合、それに従うのが無難でしょう。しかし、新しい運営方法や企画を取り入れたい場合は、「どんなことをしたいのか、なぜしたいのか」を文書化し、話し合いの場を設けてもらうような働きかけを行うのも一案です。保護者から、謝恩会やアルバムなどについての希望をアンケートを通して聞き、その結果もふまえて話を進めると、説得力が増します。

⭕ OK対応　園・学校への連絡係を変更してみる

　卒対の連絡係さんと園・学校の窓口の先生との"相性"によっても、卒対運営に影響が生じることがあります。窓口の先生のことをよく知っていて、PTA経験も豊富な保護者が連絡係をつとめるのも一案です。窓口の先生には、何か相談がある場合に連絡してもよい時間帯や、忙しい曜日などを事前に聞いておきましょう。

❌ NG対応　徹底抗戦のかまえをみせる

　園や学校と意見が合わないからといって「戦う」姿勢をみせてしまうと、活動が遅れてしまいます。卒対の任期は1年だけ。割り切るところは割り切る潔さも必要です。

❌ NG対応　周りに広める、子どもにぐちる

　周りのママに広めたりすると、すぐに噂になってしまいます。また、「○○先生はやりにくいわね」など、子どもの前で先生の悪口を言うのも絶対に NG です。

ケース 4

病気になっちゃった、妊娠がわかった

よくある事例 ❶ 仕事も卒対も頑張りすぎて病気に

　フルタイムの仕事でもともと忙しかったのに、卒対で謝恩会を仕切る仕事を引き受けてしまい、てんてこまいの保護者。勤務先で重要なポストに異動したばかりというストレスも重なって持病が再発し、卒園式直前に1週間入院することになってしまいました。同じ係のメンバーがその保護者の仕事を分担し、謝恩会は無事に終わりましたが、頑張りすぎてメンバーに迷惑をかけてしまったことを反省しています。

よくある事例 ❷ 第二子妊娠。体調すぐれず途中降板

　卒対の活動が始まってすぐに、第二子の妊娠が発覚した保護者。ひとりめの時は出産までトラブルがなかったのに、二人目の時は切迫流産ぎみで、自宅で絶対安静に。仲良しのママとふたりで卒園アルバム委員に立候補したのに、一緒に活動ができなくなってしまいました。代わりの委員を募集しても手が挙がらず、結局そのママ一人でクラスの人数ぶんのアルバムを作ることに。「苦労をかけてしまった…」と、申し訳なく思っています。

156 ｜〈第4章〉卒対 "あるある" トラブルと対処法

◯ OK対応　委員長に相談し、場合に応じて全員に連絡を

　何らかの理由で体調を崩し、卒対の活動を続けるのが難しいと思った場合は、まずは卒対委員長に連絡、相談を。病名などについてことこまかに話す必要はありませんが、体調を崩していること、どのくらいの期間、活動に参加できそうにないのかなどを具体的に告げましょう。<u>一定期間お休みする場合は、連絡網や全体ラインなどで、メンバー全員に、活動をお休みする旨の連絡を丁重に伝えましょう。</u>

◯ OK対応　安定期に入った時点で全員に連絡を

　妊娠がわかった場合も同様です。まずは卒対委員長に連絡、相談を。妊娠初期で体調がすぐれない場合は、「体調不良」ということでしばらくお休みを。<u>安定期に入った時点で皆に伝えましょう。</u>妊娠経過が順調であれば、自宅でもできる簡単な作業をお手伝いするなど、<u>無理のない範囲で活動に参加するのもよいでしょう。</u>

✕ NG対応　無理をしてがんばってしまう

　「みんなに迷惑をかけたくないから」「自分でやると決めたから」などと無理をして頑張ってしまうと、かえって症状が悪化してしまうこともあります。<u>無理は禁物です。</u>

✕ NG対応　隠してしまう

　病気であること、妊娠中であることを人に知られたくないからという気持ちから、<u>隠してしまうと、皆が心配します。</u>まずは信頼できる友人に相談を。

病気になっちゃった、妊娠がわかった　|　157

ケース 5

保護者から苦情がきた!

よくある事例 ❶ 卒対の活動について、保護者からクレームが

謝恩会の会費が高い、アルバムの予算が高いなど、卒対の活動に対して保護者からクレームが入ることがあります。卒対委員に直接ではなく、園や学校を通してクレームの連絡を受けることも。クレームの内容によっては、クレームをつけてきた親、園（学校）、卒対委員で"三者会談"が行われたというケースも。1回の話し合いで穏便にすめばよいですが、こじれてしまうと長引いてしまうこともあります。

よくある事例 ❷ 「卒対メンバーいつも一緒にいる」と、ひがまれる

園で起こりやすい事例。卒対メンバーが、お迎えの時などの時間を利用して卒対のことについて話していると、そうでない保護者から「いつもいっしょにひそひそ話していて感じ悪い」などと言われることも。卒対メンバーにそのつもりはなくても、卒対でない保護者は「のけもの扱いされている」と感じることもあるようです。こうなると、卒対メンバーで気軽におしゃべりできなくなってしまいます。

158 | 〈第4章〉卒対"あるある"トラブルと対処法

◯ OK対応　クレームの出どころを確認し、誠実に対応

　園や学校を通してクレームがきた場合は、委員長が、どんなクレームがどのようにきたのか状況を確認。その上で、卒対としての考え方を、園や学校に伝えます。それを聞き、園や学校が対応してくれる場合もあります。「対応は卒対さんでお願いします」と言われた場合は、委員長ひとりで抱えず、幹部と相談して対応策を考えます。

◯ OK対応　「群れる」ことを控えるよう意識する

　幼稚園の場合は、子どもの登園、降園時のついでに、井戸端会議的に卒対同士で進行状況の確認などをすることもあります。しかし、いつも同じメンバーでいると、「群れている」と陰口の対象になってしまうことも。送迎がすんだらすぐに帰るよう意識しましょう。

✕ NG対応　クレームを無視する

　「少数派の意見だから」などという理由から、きたクレームを無視し続けてしまうとますます波紋が広がってしまいます。保護者からの声には誠実に対応したいものです。

✕ NG対応　一人で勝手に対応してしまう

　卒対メンバーに相談せず、ひとりで勝手にクレーム対応するのはNG。話がこじれた時などに、収集がつかなくなってしまいます。

ケース6

卒対委員を辞めちゃった!

よくある事例 ❶ 最初の打ち合わせの時から無断欠席

卒対委員決めの時、最後の一人がなかなか決まらず、くじで決まってしまった保護者。「当たってしまったものは仕方がない」と、その場では「1年間よろしくお願いします」と挨拶していました。

しかし、最初の打ち合わせの時に、まさかの無断欠席。次の打ち合わせの日時の連絡や役割分担をLINEで知らせているにもかかわらず、既読スルーが続き、結局その後の活動にも一切参加しませんでした。

よくある事例 ❷ 意見の対立が続き、ミーティングをボイコット

最初は積極的に活動に参加していた保護者。ちょっとした価値観の違いから、もう一人の保護者と意見が対立するようになり、ミーティングの時にはいつも重苦しい雰囲気に。場を和らげることができるリーダー不在のまま、二人の対立は徐々にエスカレート…。

ある日のミーティングの時、ついに「このまま卒対続けても、ストレスがたまるだけ! 辞めさせていただきます!」と会議室から出て行ったまま、戻ってきませんでした。

◯ OK 対応　去るものは追わない

　メンバーに理不尽な辞め方をされるとわだかまりが残りますが、辞めてしまった人に対してネガティブな感情を抱いても、自分がイライラするだけです。**「去るものは追わず」の精神で淡々と受けとめ、残ったメンバーで手分けしながら活動するのが無難です**。最初は釈然としないかもしれませんが、活動が終わる頃には、「そういえば、あの時は大変だったね」と笑顔で振り返れるはずです。

◯ OK 対応　できる人がいたら、新たなメンバーを募る

　その人にかわるメンバーを募る余裕があれば、一人補充するのもよいでしょう。その場合は、保護者へのお便りを出して新メンバーを募るよりも、今いるメンバーの友達など、**つながりがある人に事情を話してお願いしてみるのが無難**。その際は、無理じいはNG。**「断られるのが当たり前」**くらいの気持ちで打診してみて。

✕ NG 対応　その人を問いただす、責める

　その人に何度も連絡して「なぜ来ないのですか？　理由を説明して！」などと責め立てたりするのはNGです。その人にもなんらかの事情があるはず。**ここはグッとこらえましょう。**

✕ NG 対応　噂を広める

　「聞いて！　卒対の◯◯さん、一度は引き受けたのに、最初の会議から無断欠席なんだよ」などと**噂を広めるのはNG**です。

卒対委員を辞めちゃった！　│　161

ケース7

卒対委員長に任命されてしまった!

よくある事例❶ 園長先生から電話でお願いされる

　歴史のある家庭的な園などでしばしば聞かれる事例。園長先生から、子どもがきょうだいそろって園に通い、園のことをよく知っている保護者あてに電話があり、「今年度の卒対委員長をお願いできますか?」と打診されることがあります。園長先生からのじきじきのお願いだけに断りきれず、困惑しながらも引き受けてしまうパターンも多く見受けられます。

よくある事例❷ 周りの保護者に根回しされ、決められてしまう

　卒対メンバーが決まり、卒対委員長を決める前に、何人かの保護者が他のメンバーに根回し。「今年の卒対委員長はＡさんがいいよね」などとふれまわり、多数決で決められてしまうケースもあります。

　本人が知らない間にシナリオができあがっていることが多く、断れる雰囲気はほとんどなし。「本人の意思とは裏腹に、泣く泣く卒対委員長に就任…」というケースもあるようです。

162 ｜ 〈第4章〉卒対"あるある"トラブルと対処法

◯ OK対応　はらをくくって任務を全うする

「あなただから」と推薦してくれたことを前向きに受けとめ、気持ちに余裕があれば、「よい経験を踏む場」ととらえ、卒対委員長にチャレンジしてみては。卒対委員長という役職には、「これをしなければならない」というルールはありません。前年度の委員長さんに、効率的な活動方法のヒントを教えてもらうなどしながら、無理のない範囲で謙虚に臨みましょう。**現場の仕事はそれぞれの係のリーダーにまかせて報告を受けるだけにするなど、自分がやりやすい活動の方法を考えたほうが得策です。**

◯ OK対応　できない場合はその理由をのべ丁重に断る

「自分にはできない」と思ったら、丁重に断る勇気も必要です。その際は、**できない理由をできるだけ具体的に告げ、「ご期待に沿うことができずに申し訳ございません」と添えましょう。**そうした上で、「●●●●のお仕事だったらできます」「こんな活動の仕方でよければできる限り協力させていただきます」などと伝えるとよいでしょう。

✕ NG対応　怒りをぶちまける

「は？　私そんなことできません！」など、**感情的になり、その場で怒りの感情を表すのは大人気ありません。**たとえ断るにしても、冷静に対応しましょう。

✕ NG対応　断りきれずに、承諾してしまう

「断ったらがっかりされちゃうかなぁ」などという気持ちから引き受けてしまうと、**あとで後悔するはめになります。**

卒対委員長に任命されてしまった！　| 163

ケース8

気づいたら仲間はずれにされている

よくある事例❶ 無断欠席を機に悪口を言われるように

ある保護者（Aさん）が、ちょっとした不注意で、ミーティングを無断欠席してしまいました。それを機に、Aさんは、他のメンバーから冷たい目で見られるようになってしまいました。

ある時、近所のママから「卒対の○○さんが、『無断欠席されて困ってたわ』って、あなたの悪口を言ってたわよ」と教えられ、ショックを受けてしまったAさん。それ以来、Aさんはミーティングのたびに「私は嫌われているのかしら…」と、他のメンバーからの視線が気になってしまい、精神状態も不安定になってしまいました。

よくある事例❷ メンバーの間で浮いた存在に

言いたいことはずばずばと言う、あけすけな性格のBさん。とある会議で発したひと言をきっかけに、メンバー内に微妙な雰囲気が漂うように。

「言いすぎたわ、ごめんなさい」とあやまったものの、周りのメンバーからけむたがられるようになってしまいました。あからさまないじめや無視などはないものの、浮いた存在になってしまい、卒対の活動に足を運ぶことがしんどくなってしまいました。

---

164 | 〈第4章〉卒対 "あるある" トラブルと対処法

◯ OK 対応　気にしない。普通にふるまう

　1回無断欠席しても、その後きちんと会議に出席しているのであれば、罪悪感を感じ続ける必要はありません。メンバーからの視線はあまり気にせず、普段どおりにふるまうことをおすすめします。誠意をもって笑顔で活動を続けていくうちに、冷たい視線も自然となくなるはずです。

◯ OK 対応　信頼できる友人に相談する

　ある程度時間がたっても、なんとなく不穏な空気が感じられる場合は、信頼できる友人に相談しましょう。悩みを聞いてもらうだけで気が晴れますし、解決のヒントをアドバイスしてくれるかもしれません。あまりに居心地が悪くストレスを感じる場合は、思い切って、委員長や周りのメンバーに相談を。

✕ NG 対応　「文句があるなら言いなさいよ！」とぶちきれる

　メンバーに対して「言いたいことがあるなら言いなさいよ！」などと怒りをあらわにしてしまうと、雰囲気がますます悪くなってしまいます。感情的にならないよう、深呼吸するなどして気持ちを落ち着けましょう。

✕ NG 対応　行くのがおっくうになり、無断欠席を続けてしまう

　「言ってもどうせ疎んじられるだけだし…」と思い込み、無断欠席を続けてしまうのもNG。フェードアウトしたいのなら、なんらかの理由をつけて活動から身を引くことを名言しましょう。

気づいたら仲間はずれにされている　｜　165

ケース 9

時間にルーズな人がいる

よくある事例 いつも同じ人が会議に遅刻

　事前に日時を連絡しているにもかかわらず、いつも会議に遅刻してくる人がいることもあります。開始時刻を守っている人にとっては迷惑きわまりないものですが、やんわり「時間厳守でお願いします」と通達しても、なかなか改善されません。一人だけならともかく、常に二、三人いるのが悩みの種です。

◯ OK対応　開始時刻になったら、会議を始める

　遅れてくる人がいても、開始予定時刻になったら会議を始めるよう、ルールを決めましょう。遅刻をした人が自分の意見を言えなかったがために本意でないアイディアが採用されたとしても、文句は言いっこなし。皆忙しい合間をぬって会議に足を運んでいるのですから、待つ必要はありません。会議を行う場合は、終了予定時刻もあらかじめ決めておきましょう。

✕ NG対応　全員揃うまで、雑談などをして過ごす

　まだメンバーが揃わないからといって、皆で雑談などをして過ごしてしまうとあっという間に時間がたってしまいます。遅刻する人のペースに合わせてルーズな雰囲気にならないよう注意しましょう。

ケース10

ランチ会や飲み会が多い

よくある事例 **打ち合わせのたびに、ランチのお誘い**

　リーダー的な保護者が、卒対の活動終了後「ランチに行こう」「飲み会しない？」など、声をかけてくることがあります。最初は新鮮で、ある保護者は何度か付き合いましたが、打ち合わせのたびに声をかけられるように。

　断りきれずにいると、強引に誘われてしまいます。お金も使うし、ランチや飲み会では世間話やうわさ話ばかり。「意味がないのでは？」と思いつつ、つい足を運んでしまいます。

○ OK対応　体良く断る

　たまに気分転換もかねて付き合うのは OK ですが、**多すぎるとストレスになり、出費もかさみます**。「ごめん、今日このあと病院に行く用事があるの」「下の子を習い事に連れてかなきゃ、ごめんね」など、体良く断り続ければ、誘われなくなるでしょう。

✕ NG対応　なんとなく付き合ってしまう

　誘われるがままに付き合ってしまうと、「いつものランチメンバー」に加えられてしまうことも。**あいまいな態度は NG です**。

時間にルーズな人がいる／ランチ会や飲み会が多い　|　167

ケース11
家族が卒対の活動に協力的でない

よくある事例　夫が卒対の活動に精を出す妻に文句を言う

妻が卒対の活動をしていることについて、あまりよく思っていない夫。打ち合わせが長引いて夕食づくりを簡単なものにするといやみを言ってきたり、家のパソコンで卒対の仕事をしていると、「家のものを勝手に使うな！」などと、文句を言われてしまいます。仕方がないので、夫の目を盗んで卒対の仕事をするように…。

◯ OK対応　園や学校生活に興味を持ってもらう

園や学校の参観や行事になるべく参加してもらうようにして、我が子の園生活、学校生活に興味を持ってもらうことから始めましょう。それをふまえ、子どものすこやかな成長と卒園・卒業を祝うための活動であることを、少しずつ理解してもらうようにしましょう。

✕ NG対応　夫にたてつく

「私は頑張っているのに、あなたにつべこべ言われるすじあいはないわ！」「子どものことを何も知らないくせに、余計なこと言わないで！」などとたてつくと、ますますこじれてしまいます。

ケース 12

卒対の活動が負担になってきた

よくある事例 　**職場での異動により、仕事との両立が困難に**

最初の頃は仕事と両立できていた保護者（Aさん）ですが、職場で異動になり、業務内容が変わってから毎日ハードに。卒対の活動に時間を割くことが困難になってきてしまいました。

アルバム委員の活動が忙しい時期だけに、メンバーに迷惑をかけられないと思いながらも、卒対の仕事を負担に感じるようになってしまいました。

◯ OK 対応 　**メンバーに正直に事情を話し、仕事量を減らしてもらう**

部署が異動になって仕事が忙しくなってきてしまったことをメンバーに正直に話し、卒対の仕事の割り当てを減らしてもらえないか、相談してみましょう。「〇〇の仕事ならできます」「△△の時期なら一段落しているので、仕事できます」など、自分ができることを明示するとよいでしょう。

✕ NG 対応 　**がまんしてどちらもこなしてしまう**

「みんなに迷惑をかけたくない」と、仕事も卒対もがんばりすぎてしまうと、ストレスで体調を崩したり、精神状態も不安定になってしまいます。がまんは禁物です。

家族が卒対の活動に協力的でない／卒対の活動が負担になってきた　| 　169

ケース 13

お便りを出しているのに
保護者から返事がない

よくある事例　**お便りの返事がない保護者にどう対応するか、悩む**

　謝恩会の参加可否、卒業記念品の名入れの内容など、返信の必要がある保護者あてのお便りを出しているにもかかわらず、締切り日を過ぎても返事がない人がいます。催促のメールや電話をするのも失礼かと思い、どう対応していいか悩んでしまいます。

◯ OK対応　メールや電話はOK。担任の先生に相談も

　返事がない場合、①子どもがお便りを渡し忘れている　②保護者が、仕事が忙しいなどで失念している　以上の理由が考えられます。こちらで締切り日を設定しているのですから、メールや電話による催促はOK。「先日卒対のお便りをお出ししたのですが、届いていますか？」と、まずは、届いているかどうかの確認を。返信がない、電話に出ないという場合、何か事情があるかもしれません。その際は、担任の先生に相談しましょう。外国籍の保護者は、日本語が読解できないこともあります。英語が話せる保護者に頼んで連絡してもらうのも手。

✕ NG対応　横柄な言い方で返事を促す

　「○○の返事をいただいていません。困ります！」などきつい口調で責めるのはNG。何か事情があってのことととらえ、穏便な対応を。

ケース 14

下の子に時間をとられて活動できない

よくある事例 **下の子の事情で活動に参加できないことを悩む**

生後6カ月の下の子がいる、卒対メンバーのAさん。「上の子の卒園を祝いたい」という気持ちから卒対委員に立候補しましたが、下の子が熱を出して会議を欠席したり、昼寝が長引いて家を出られず遅刻したりなど、フルでなかなか参加できません。「このまま活動を続けたらみんなに迷惑をかけるから、委員からはずれたほうがいいかなぁ」と迷い初めています。

〇 OK対応 **仕事量は少しでも、できることをやってもらう**

いろいろな家庭環境の保護者が集まる卒対。「Aさんには赤ちゃんがいる」ということを皆で共有し、「できることを無理せずやってもらう」というスタンスで役割分担を考えましょう。Aさんの、「子どもの卒園を祝いたい」という気持ちを尊重することが大切です。

✕ NG対応 **活動にこないことを悪く言う、責める**

「卒対の活動があまりできないなら、やめてもいいよ」など、せっかくの好意を切り捨てるような言動はNGです。

お便りを出しているのに保護者から返事がない／下の子に時間をとられて活動できない | 171

今だから言える、卒対の苦い思い出 ⑦

ママたちのクチコミ

委員長職を頑張りすぎた……かな?

周りの委員さんからの推薦で、卒対委員長になりました。もともと責任感が強く、「委員長になったからには、皆に喜んでもらえるような活動をしないと」と、仕事を抱えすぎてしまい、疲労でダウン。メンバーに、もっと気軽に仕事をふればよかったと思っています。

R.S さん (園ママ)

"つい口をすべらせて"に反省

思ったことをそのまま口にしてしまうところがある私。ミーティングの時、やんちゃ男子のママと口論になり、「全く、子が子なら親も親よね〜」と、つい口をすべらせ、会議室中の空気がひんやり…。その場ですぐに謝りましたが、軽率な言葉を大反省!

ちなみ さん (小学生ママ)

LINE グループからひっそり退出

園の卒対委員になったのですが、連絡と称した LINE トークの数がハンパなく多く、ひと晩見ないと未読が 100 を超えることも。「付き合っていられない!」と、ひっそりグループから退出したら、皆から心配されてしまい、大反省!

T.K さん (園ママ)

うっかり、卒対担当の先生の悪口を口にしたら…

卒対担当の先生との連絡係だったのですが、日によって気分にムラのある先生で、機嫌が悪いと口を聞いてくれません。私だって忙しいのに…と、ついカッとなって知り合いに話したら、次の日には「○○先生は気分屋らしい」と学校中の噂に (汗)。悪口は厳禁ですね……。

えつこ さん (小学生ママ)

172 | 〈第4章〉卒対 "あるある" トラブルと対処法

今だから言える、卒対の苦い思い出②

ママたちのクチコミ

心配かけたくなくて、病気を隠しちゃった

卒対の活動中、軽度のうつ病と診断されました。医師からは「自分がストレスに思うことはやめるように」とアドバイスを受けましたが、皆に心配かけたくなくて、最後まで頑張っちゃいました。振り返ると、あそこまで無理しなくても良かったかな…という気もします。

ゆうなさん (小学生ママ)

親睦を兼ねた飲み会で大暴走しちゃった (汗)

卒対メンバー同士で仲良くなって、有志で飲みに行くことに。久々の飲み会ではじけてしまい、下の子がまだ小さい保護者もいるのに3次会まで付き合わせてしまいました。次の日の朝、正気に戻って大反省。ごめんなさいメールを送りまくりました。

A.Nさん (園ママ)

返信がない保護者には事情があったのに…

お便りを出しても、いつも返事が遅く、催促のメールや電話もつながりにくい保護者がいました。あまりにも続くので、「こっちも迷惑しているんだけど」とつい言ってしまったのですが、義母の看病で忙しいことが判明……。相手の状況を察する配慮が足りませんでした。

K.Nさん (小学生ママ)

無理せず下の子の時にやれば良かった

一番上が5歳、2番目が2歳、3番目が0歳の時に卒対委員に。「なんとかなるだろう」とタカをくくっていましたが、フタを開けてみたら、乳飲み子を抱えながらの活動は大変！ 無理せず下の子の時にやれば良かったと思っています。

くるみさん (園ママ)

お便りを出しているのに保護者から返事がない | 173

卒対経験者インタビュー vol.4

園ママ **Y.W さん**

> 卒対委員長は、みんなの調整役！
> 1年間真摯に向き合って、
> "やりきった感"を味わいました！

小学生ママ **M.K さん**

Q お二人とも、卒対委員長を経験されています。委員長になった経緯を教えてください。

Y.W さん 幼稚園に子ども二人を通わせていたのですが、仕事のため、役員を一度も務めたことがなかったのです。周りからの薦めに加え、「Wさんまだ役員やってないよね？」的な視線もあり（笑）、下の子が年長の時に、卒対委員長になりました。

M.K さん 子どもが3人いて専業主婦だったこともあり、園時代から卒対、役員、いろいろ経験しました（笑）。小学生になり、委員のノルマをこなさなければならず、「どうせやるなら仲の良いメンバーと」と、卒対に立候補。「経験豊富でしょ！」と周りから薦められ、知り合いもたくさんいたので、卒対委員長になりました。

Q 役割を円滑に進めるために、工夫したことを教えてください。

Y.W さん パソコンが家にあり、操作ができる人はアルバム係、小物作りが得意な人は謝恩会の席札や招待状作成…など、<u>"適材適所"</u>で役割を分担するようにしました。

役割が決まったら、「その方にまかせること」を基本ルールとし、保護者の皆さんにもそれを理解してもらい「何かご意見や質問があったら私に直接連絡ください」と、お願いしました。リーダーとして、**係の皆さんが、活動しやすい環境を作ることに力を注ぎました。**

M.K さん　個人的な意見を押し付けるのでなく、とにかく皆の意見を聞くことです。意見がない場合は、「意見がないようなので、●●●にさせていただきたいと思います。よろしいですか？」と必ず聞き、ていねいに確認するようにしていました。意見が分かれた場合は多数決で。

　必要に応じて保護者にアンケートをとったりもしました。**「みんなに平等に」という姿勢を貫くことが大切だと思います。**

Ｑ 苦労した点はどんなどころですか？

Y.W さん　たくさん苦労しましたが……（笑）。ひとつあげるとしたら、メンバーの間で意見が分かれ、謝恩会の会場がなかなか決まらなかったことですね。フォーマル派 VS カジュアル派、お金をかけて OK 派 VS なるべくお金はかけないようにしたい派に分かれ、収拾がつかなくなり…。私は謝恩会係のまとめ役も兼任していたので、どうしたものかと悩みました。

　そこでもう一度、会場候補地をリサーチ。ホテルやレストラン、公民館などひとつひとつ調べていくうちに、お弁当のサービスつきのレンタルスペースが見つかったんです。適度にフォーマルで予算もおさえられるということで、皆から賛成してもらえた時は、ほっと安心しました。

M.K さん　私の場合、苦労したというよりも気を遣ったのが、保護者へのお便りや、メール、LINE による文書の書き方ですね。

卒対経験者インタビュー vol.4 ｜ 175

保護者へのお便りは、一度担任の先生に目を通していただいてから出すので安心なのですが、メールや LINE は、表現にトゲがないか、見た方が最後まで読んでくれるか、いろいろ考え出すときりがなくて…。結構時間をかけて文章を考えてから連絡するようにしました。

　あとは、保護者の方に、返信が必要なお便りを出したにもかかわらず、返信をくれない方がいるのが困りましたね。でも、担任の先生が協力的で、うまくフォローしてくれとても助かりました。

ⓠ 委員長をつとめて良かったと思ったのは、どんな時ですか？

Y.W さん　会場決めの段階からいろいろもめた謝恩会でしたが、当日は、保護者の方や先生が嬉しそうに泣いている姿、子どもたちが楽しそうに過ごしている姿をみて、本当に良かったと思いました。意見がなかなかまとまらないなか、とりまとめ役として自分なりに重ねてきた苦労がむくわれたひとときでした。

　また、下の子の卒園にしっかり向き合うことができ、6 年間お世話になった園への恩返しができて嬉しかったです。

M.K さん　人としての経験値が上がった、とでもいうのでしょうか。いろいろな立場の保護者や先生とコミュニケーションを図ることで、「ああ、こんな風に考える人もいるんだ」「こんな価値観の人もいるんだ」など、視野が広がりましたね。

　仲良しの友達といっしょに卒対委員をつとめたため、うまく助け合えたことに加え、先ほども言いましたが担任の先生が協力的で、これまでしていなかった、謝恩会での保護者の出し物も大成功！　先生にはとても感謝しています。

Q 卒対真っ最中の皆さんに、メッセージをお願いします。

Y.Wさん　たくさんの保護者が集まると、さまざまな意見が出てきますが、担当者に一任するのが円滑に進むコツだと思います。小さな園だったので、送り迎えで会った時に口頭で連絡事項を伝えるなど、対面でのコミュニケーションもなるべく大切にしました。

　大変なことも多かったですが、1年を通して「卒園」と真摯に向き合い、「これで園生活も終わり」「次は小学校」と、親子共々シフトチェンジができたように思います。最後に"やり切った"感を味わえるよう、活動頑張ってください！

M.Kさん　やってみてわかったのですが、卒対委員長という役職は、完全なる"調整役"ですね（笑）。皆さんの意見を平等に聞き、おとしどころを見つけてうまく導く、ここがカギです。私も、対面でお話することは大切だと思います。ほんの数分でも直接話すことで、わだかまりが解けたりすることもあるので、さまざまなコミュニケーションを楽しむ感覚で臨んでみてください！

Y.Wさん＆M.Kさん直伝！

卒対を楽しくラクに乗り切る5つのポイント

1 係が決まったら、その係の人に任せ、口出ししない
2 対面のコミュニケーションも大切にする
3 メールやLINEは送る前に内容確認を
4 委員長だからこそ、「みんなに平等に」を心がけて
5 意見が分かれた時は、多数決で

第 5 章

卒対を楽しく
ラクに乗り切る
コミュニケーション術

卒対の活動に必要な
コミュニケーションの場と手段

卒対の活動を円滑に行っていくためには、メンバー同士の円滑なコミュニケーションが欠かせません。会議、電話、メールなど、卒対活動に必要なコミュニケーションの場と手段を紹介します。

🌸 会議、電話、メール、LINE が卒対コニュミケーションの4本柱

　p.20 で、卒対の活動を円滑に行っていくための心得として、メンバー同士の円滑なコミュニケーションが不可欠であるということをお伝えしました。ここでは、コミュニケーションの場と手段についてお話しします。

　卒対委員のコミュニケーションの手段は、

●会議や打ち合わせ　　●電話　　●メール　　●LINE

以上の大きく4つです。

　会議や打ち合わせは、卒対委員の顔合わせや係決め、それぞれの係の進捗状況の共有など、該当メンバーが一堂に会する集まりです。基本、出席するのが望ましいですが、仕事などでやむを得ず欠席、早退、遅刻する場合は、その会を仕切っている委員さんに必ず連絡を。議事録があれば、それを見せてもらうようお願いしておきましょう。

　電話は、インターネット時代の今、卒対委員同士のコミュニケーションツールとして使われることはあまりありませんが、至急確認したいことがある時やメールでは伝えにくい場合などに使います。基本マナーを守り（p.184）、相手の立場に立った応対を心がけましょう。

180 　│ 〈第5章〉卒対を楽しくラクに乗り切るコミュニケーション術

メール、LINEのメリット、デメリットを知っておこう

　卒対メンバー同士の情報共有や諸連絡に欠かせないのが、メールやLINE。今回の取材を通して、メールよりもLINEを主なコミュニケーションツールにして活動している方の割合が多いことがわかりましたが、メール、LINEには、それぞれメリット、デメリットがあります。

【メールとLINEのメリット　デメリット】

	メール	LINE
メリット	●件名と本文に分かれているため内容が伝わりやすい ●比較的ゆっくりしたペースでやりとりできる ●フォーマルな連絡に使える	●複数でトークできる ●相手がメッセージを読んだか否かがわかる ●無料通話もできる
デメリット	●返信のテンポが遅い ●相手がメールを見たかどうかがわからない ●通話料金がかかる	●スタンプなども気軽に送れるため未読トークがたまりやすい ●トークの内容によってはトラブルが発生することも

　それぞれの特徴を理解した上で、主な連絡手段はメールかLINEかを決めます。LINEにする場合は、「返信する必要のない連絡は、既読スルーでOK」など、メンバー間でルールを作ることをおすすめします。

LINEを使う場合は必要に応じて複数のグループを作ろう

　卒対の主な連絡手段としてLINEを使う場合は、

- 卒対メンバー全員のグループ
- 謝恩会係、アルバム係など係ごとのグループ
- 卒対委員長＆副委員長による「幹事」グループ‥

など適宜グループ化して円滑なコミュニケーションを図りましょう。

時間を守りスムーズに！
会議の際の注意ポイント

会議は和やかに効率よく。皆、忙しい日々のなかで時間を作ってくるのですから、スタート時刻の厳守を心がけ、スムーズに進行しましょう。

会議の内容やテーマをあらかじめ共有

　会議をスムーズに進めるには、**会議を仕切る卒対委員長などのリーダーが、会議の内容について案内する際に「会議の議題」「討論の内容」などについて、具体的に知らせておくのがベター**。メンバーは、心の準備をして臨むことができます。
　また、

- テーブルを寄せてメンバー同士の距離を近づけて話し合う
- 状況に応じてお茶やお菓子を用意する
- スタート時刻はもちろん、終了予定時刻を設定し、なるべく長引かないようにする
- メンバーそれぞれのアイディアは付箋に書いてボードにはるなど、皆で共有する
- 次回以降のスムーズな活動のためにも、議事録をつけておく

などに注意しましょう。

182　│　〈第5章〉卒対を楽しくラクに乗り切るコミュニケーション術

相手に伝わる話し方、相手が安心する聞き方を心がけよう

　会議や打ち合わせのときは、自分の意見が相手に伝わるよう、ていねいに話すことも、円滑なコミュニケーションのためには必要です。人数や打ち合わせ場所の広さなどを考慮し、相手が聞き取りやすい声の大きさを心がけましょう。相手の話を聞くときも、配慮が必要です。**こちらが"聞く姿勢"を整えることで、相手も話しやすくなります。**

　以下、話し方のポイント、聞き方のポイントについて紹介します。

《話す時のポイント》

- 下を向かず、正面を向いて話す
- 早口にならないよう注意する
- なるべく表情豊かに
- 笑いをとろうと力みすぎない
- 伝えたいことは強調し、一方的に話さない

《話を聞く時のポイント》

- 話し手のほうを見る
- 納得できる内容にはうなずく（うなずきすぎにも注意）
- 近くの人とひそひそ話をしない
- 相手の話を最後まで聞く
- 苦手な人、嫌いな人の話もポジティブに聞く

　話し方や聞き方を少し意識するだけで、会議や打ち合わせの雰囲気が変わり、コミュニケーションがとりやすくなります。これを機会に心がけてみましょう。

卒対コミュニケーションの基本
❶電話

卒対委員同志の連絡は、メールや LINE で行うことが多いですが、場合に応じて電話をかけることも。メールや LINE と違い、かける時間などの配慮が必要です。

🌸 かける時間に注意しよう

電話は、かける時間に注意しましょう。早朝、夜遅い時間帯はNG。晩ごはんの準備が始まる夕方近くの時間にかけるのもなるべく控えたいものです。小さい子がいる保護者なら、あらかじめメールで「〇時頃電話してもいい？」などと聞いておきましょう。

夜の時間帯にかけるとしたら、遅くとも 21 時くらいまでが無難。その場合は「夜分にごめんね。今話していても大丈夫？」と確認を。

電話ひとつでも、マナーをわきまえたふるまいを心がけることで心が通じ合い、良好な関係が生まれるものです。

🌸 留守番電話には簡潔にメッセージを残す

話をしたい相手の家に電話をした時に留守番電話だったら黙ってきらずに、自分の名前、「こちらからまたかけ直します」など、メッセージを残しましょう。相手との親密度にもよりますが、用件はだらだら話さず「できるだけ簡潔に」を心がけて。要点だけ伝えたら「くわしくはメールで伝えますね」というのも OK です。

184 | 〈第 5 章〉卒対を楽しくラクに乗り切るコミュニケーション術

《 電話をする時の基本マナー 》

1　電話をかけるのは、電話で話すことが必要な時だけにする

電話をかけるのは、今すぐ確認したいこと、なるべく早く伝えたいことがある時のみ。基本はメールや LINE でのやりとりがスムーズです。

2　相手が話せる状況か確かめてから電話を続ける

相手が電話に出ても、移動中など話しにくいこともあります。話せる状況か確かめてから会話を続けましょう。

3　出先から電話をする時は、なるべく静かなところで

交通量が多いところなど騒音が大きいところから電話をかけると、相手が聞き取りにくいことあります。静かな場所を選んでかけましょう。

4　電話が長引きそうな時は、電話を続けてよいか確認する

相手は電話が終わったあと、用事が控えているかもしれません。電話が長引きそうな時はこのまま続けてよいか、確認しましょう。

5　相手が不在でご主人や子どもが出たら、名前を名乗り伝言をお願いする

電話をかけた時、相手が不在でご主人や子どもが出たら、「○○小の○○です。電話があったことだけお伝えください」と伝言をお願いし、改めて連絡します。

6　会話が終わったら、電話はやさしく切る

要件を伝えるだけ伝えてブチッと切るのは相手に失礼です。電話は一拍置いて切りましょう。

7　相手の声が聞き取りにくかったら聞き返す

会話中、相手の声が聞きとりにくかったら「電話が遠いので、もう一度聞いていいですか?」と聞き直しましょう。あいまいな返事は NG です。

8　途中で電話が切れてしまったら、こちらからかけ直す

会話をしている最中に電話が切れてしまったら、かけたこちらから再度かけ直すのが基本マナーです。

卒対コミュニケーションの基本❶電話　│　185

卒対コミュニケーションの基本
❷メール、LINE

働いている保護者が多いこともあり、卒対の活動にはメール、LINE 連絡が欠かせません。気軽に送れるものだからこそ、マナーを守り、読む側の気持ちを考えて送るようにしましょう。

書き終わったら送る前に文章をチェック

　書き言葉は、読む人によってはさまざまな解釈をされてしまうものです。その場で相手の表情をみながらの「会話」ではないため、ていねいに礼儀正しく書いたつもりが冷たく受け取られたり、冗談っぽく書いたつもりがネガティブに感じ取られたりなど、誤解を招くこともあります。

　内容を書き終わったら、すぐ送るのではなく、必ず一度、読む人の立場に立って読み返してみましょう。

- ●誤字、脱字が多い
- ●くどくどと長い
- ●何が言いたいのかわからない

こんな文章にならないよう、「読みやすさ」を意識してください。

絵文字をさりげなく使うことで読み手の気持ちがやわらぐ

「おつかれさま！」などねぎらいの言葉や、「ありがとう！」など

186 　｜　〈第5章〉卒対を楽しくラクに乗り切るコミュニケーション術

感謝の言葉のあとに、<u>絵文字をさりげなく使う</u>ことで、こちらの気持ちが伝わることもあります。ただし、<u>多用しすぎはマナー違反です</u>。

❀ LINEによる連絡はトラブルにつながらないよう注意

卒対のLINEグループを作り、トーク機能を使って連絡を行うことも多いでしょう。便利なツールである反面、使い方を誤るとトラブルも起こりやすいもの。LINEで連絡を行う際は、以下に気をつけましょう。

✖ NG対応　返信がかなり遅れてしまう

「既読」表示がでるため、返信を求められている連絡の返事は、なるべくスピーディに。他のメンバーに心配されてしまいます。

✖ NG対応　スタンプを使いすぎる

文字のメッセージのかわりにスタンプのみを使いすぎると、「返事をするのが面倒なのかしら」と思われてしまうこともあるので要注意。

✖ NG対応　一部の人にしかわからない会話をする

グループメンバーの一部にしかわからない会話をするのはマナー違反。わからない話題で盛り上がられてしまうと、溝ができて活動に影響が出ることも。

✖ NG対応　夜遅い時間にトークを始める

子どもが寝静まったあとにトークで連絡や確認を行うのはOKですが、深夜の時間帯はNG。着信音も響くので気をつけましょう。

✖ NG対応　特定の人をはずして新しいグループを作る

特定のメンバーをはずして別のグループを作るのは、トラブルの原因に。理由も告げずにグループから削除するのもNGです。

卒対コミュニケーションの基本❷メール、LINE　｜　187

🌸 気をつけよう！　誤解されやすいメール&LINE の言い回し

　本人にそのつもりはなくても、相手に誤解されてしまったり、困らせてしまいやすい言い回しに注意しましょう。以下、NG 例と、失礼のない言い回しを紹介します。

❌ NG 対応　「○○してください」

対面で、言葉で伝えるぶんには問題ないですが、メールや LINE の場合は "上から目線" な印象を与えることがあります。「○○して**いただけますか？**」「○○**していただけますでしょうか**」などの表現にしましょう。

❌ NG 対応　「確認願います」

こちらも、上記と同様 "上から目線" な印象を与えることがあります。「**ご確認をお願いいたします**」「ご確認のほど、**よろしくお願いいたします**」などの表現がよいでしょう。

❌ NG 対応　「いいんじゃない？」

「（やらなくても、なくても）いいんじゃない？」という意味に受け取られてしまうこともあります。「**それでいいと思います**」「**その意見に賛成です**」などと記しましょう。

❌ NG 対応　「何でくるの？」

どこかで待ち合わせをする時、交通機関を聞いているつもりなのに、「なぜくるの？」と、ネガティブにとられてしまう場合も。「**交通手段を教えてください**」など、具体的な表現にしましょう。

✖NG対応 「お手すきの時にお返事ください」

いつ返事をしたらよいかわからず、相手が困ってしまいます。「**お忙しいなかおそれいりますが、〇日（水）までにお返事いただけたら助かります**」など、期日を具体的に示しましょう。

✖NG対応 「引き受けるのは無理です」

メールや LINE で断りの意思表示をする時は、そのまま書くときつい印象になってしまいます。「**申し訳ないのですが、今回はお引き受けするのは難しいです**」など、なるべくやわらかな表現で。

✖NG対応 「早めに返信します」

漠然としていて、相手にとってはいつ返信がもらえるかわからない内容です。「**〇日には返信します**」など、具体的な日にちや時間を入れましょう。

✖NG対応 「〇〇について、大至急教えて！」

突然こんなメールを送られると、相手は焦ってしまいます。「**突然ごめんなさい！**」「**急なお願いですみません！**」など、フォローの言葉を加えましょう。

✖NG対応 「その日は大丈夫そうです」

相手に、「本当に大丈夫なのかな？」と不安な気持ちを抱かせてしまうこともあります。「**その日は仕事が休みなので、大丈夫だと思います**」など、具体的な理由を示して相手に伝えましょう。

相手に伝わりやすい&感じの良いメール&LINE のコツ

　文字だけだからこそ、相手に伝わりやすく、好印象を与えるメールを送りたいもの。ケース別に紹介します。

長い文章を伝える場合

具体的な連絡事項を記す前に、**【長文です】「長いメールになりますが、お許しください」** など、最初にことわりを入れるとよいでしょう。

送られてきた文書の内容が間違っている場合

「〇〇〇が違っているようです。以下のように修正お願いします」 など、シンプルに、どのような内容に修正したいのかを具体的に伝えましょう。

相手からのメールが途中で切れている場合

相手からきたメールが途中で切れていて読み取れない場合は、**「メールありがとうございます。文章が途中で切れているようです。再送いただけましたら幸いです」** など、相手にどうしてほしいかを伝えます。

会議の連絡をする場合

メンバーに会議や打ち合わせの連絡をする場合は、

　　詳細は以下の通りです。

　　■テーマ「謝恩会のプログラムについて」

　　■日時　〇月〇日（月）10:00 〜 11:30

　　■場所　PTA 会議室

　　以上、よろしくお願いいたします。

など、箇条書きにして相手にわかりやすく伝えましょう。

相手が読むだけの確認メールを送る場合

簡単な用件を確認するだけの簡単なメールを送る時は、最後に「**返信不要です**」と加えましょう。

相手からの誘いに答える場合

OK の場合も NG の場合も、最初に誘ってくれたことに対する感謝の言葉を伝えましょう。OK の場合は、「**お誘いありがとうございます！　ぜひ参加させていただきます**」、NG の場合は、「**お誘いありがとうございます。せっかくなのですが、その日は都合が入っていて参加できません。またお誘いください。今後ともよろしくお願いいたします**」などと記しましょう。

送ってもらった文書を修正してほしい場合

保護者に送る案内文などの文書の案を送ってもらい、修正してほしい時は、「**案内文ありがとうございます。拝見し、2 か所修正をお願いします**」と、数字で具体的に示した上で、「**1、○○○ 2、○○○**」と、箇条書きで指摘すると伝わりやすいです。

ミスしてしまったことをあやまる場合

言い訳は NG。「**こちらのミスでこのようなことになり、本当に申し訳ございません**」「**こちらの不手際で、大変ご迷惑おかけしました。今後このようなことのないよう、気をつけて参ります**」など、誠意を伝えましょう。

相手からの返信を催促する場合

相手からの返信を待っているのになかなかこない時は、相手をおいつめず、「**その後、いかがでしょうか？**」「**ご返信、お待ちしています**」など、やんわりと伝えましょう。

予定が変更し、おわびの気持ちを伝える場合

相手に迷惑や負担をかけながらも、「ご迷惑をおかけし大変申し訳ございません」「こちらの都合で予定が変更し、大変申し訳ございません」など、素直に謝罪の気持ちを伝えましょう。

会合への参加を促す場合

「○○さんのご参加を心よりお待ちしています」「お忙しいなかおそれいりますが、ご参加お待ちしております」など、相手の参加を望んでいることをきちんと伝えましょう。

同じ相手に何度もメールを送る場合

「たびたび申し訳ございません」「お忙しいなか何度もすみません」など、最初におわびの気持ちを伝えるとよいでしょう。

いただきもののお礼をするとき場合

「とても嬉しかったです！ありがとうございました」「大切に使わせていただきます。本当にありがとうございます」「お気持ち、感謝です！」など、ダイレクトに伝えましょう。

進行状況を知りたい場合

お願いしている仕事の進行状況を知りたい場合、「○○の件はまだでしょうか？」という表現だと強く催促しているように感じられてしまいます。「進行状況を教えていただけますか？」と、やんわり聞きましょう。

相手からの返信が必要な場合

「ご覧になりましたら、お手数ですがご一報いただけると助かります」「ご不明点ありましたら、○○までご返信くださいませ」など、ていねいに伝えましょう。

メール、LINE、これで大失敗しました！

ママたちのクチコミ

LINE スタンプを
送りすぎてひんしゅく…

LINE にうとかった私ですが、卒対を機に LINE デビュー。いろんなスタンプがあるのが楽しくて、グループ LINE にスタンプを送りまくってしまいました。委員長さんから「LINE はなるべく用件がある時だけにしてね」と諭されてしまいました。

めぐみさん (小学生ママ)

イライラした気持ちで
メール連絡し大反省

卒対以外の件でイヤなことがあり、イライラした気持ちのままメール連絡。読み返したら、文面がとても冷たく感じたのですが、すでに送ってしまった後…。すぐに事情を説明し、謝罪のメールを入れ事なきを得ましたが、二度としてはいけないと誓いました。

Y.O さん (園ママ)

書類の添付忘れには
くれぐれも注意！

一生懸命考えて作成した招待状の文面。委員長に確認してもらうため、メールで送り、返事を待っていたら、委員長から「添付書類がないよ～ ^^」と返信。こちらの添付忘れでした。自分のうっかりぶりにあきれてしまいました (笑)！

ひろこさん (小学生ママ)

急いでいて
送り先を間違えた！

LINE の返信を忘れていたことに気付き、あわてて送った先は、卒対グループではなく学生時代の友達。「どうしたの？　送り先間違えた？」と笑われてしまいました。急いで返信する時も、送信先を確認してから送るようにしましょう！

Y.A さん (園ママ)

卒対コミュニケーションの基本❷メール、LINE　|　193

卒対経験者インタビュー vol.5

> 委員長とアルバムリーダーを
> 兼任！　子どものおかげで
> ありがたい体験ができました！

園ママ　**T.Y**さん

Q 卒対ではどんな役割だったのですか？　メンバー構成は？

　下の子の卒園の時に、卒対委員長になりました。幼稚園で、長男も合わせて6年間お世話になっていたこともあり、たくさんの周りのママたちから「委員長はきっとYさんね！」と、謎の期待を寄せられていて……（笑）。それにこたえた形になります（笑）。

　あとは、卒園アルバムのリーダーです。うちの園は、「アルバムは、卒対で自由に作ってOK」というルール。普段デザイン関係の仕事をしていることもあり、<u>園生活の最後の記念にどこよりもすばらしい卒園アルバムにしよう！と、力を注ぎました。</u>

　3クラスで、園児は約70名。卒対委員は各クラス2名ずつ、計6人でした。委員長の私と会計さんを1名決め、他の4人は、謝恩会の企画、運営、招待状作成、記念品発注など、その時にできる人ができることを行うようにしました。

Q 委員長のお仕事内容は？

　先生との連絡係、メンバーのとりまとめ、謝恩会でのスピーチが主なところです。

　うちの園は、「親が園にちょくちょく出入りすると子どもが甘えてしまうので、保護者の方は、あまり園に来ないでください」とい

う方針。なので、運動会など行事の準備はほとんど先生が行うのです。卒対の活動についても、「企画や運営は卒対さんにおまかせしますが、卒対の活動について、園長先生に相談したり連絡したりするのは委員長さんのみにしてください」と言われました。

　普通ならここでひるんでしまうところだと思うのですが、私は、いつも子どもたちのことを第一に考えてくれる園長先生が大好きで……（笑）。「やった！　園長先生といろいろお話しできる」とガッツポーズ（笑）。アルバム係も兼任していたので、園内での子どもたちの撮影許可の交渉なども、すべて行いました。おかげで、園長先生ととても仲良くなれました！

Q 委員長として心がけたのは、どんなことですか？

　「委員長、大変そうだな……」という気持ちで１年間を過ごすのでなく、「せっかく委員長になったのだから、ちょっと頑張ってみようかな！」と、前向きに取り組むことです。

　みんなそれぞれ、感性や価値観が違うのは当たり前。いろいろな保護者の意見を聞きすぎてどうしたら良いかわからなくなってしまったメンバーの相談にのったり、ミーティングで意見が対立した際に、メンバー同士で溝ができないよう調整したりなど、常に全体を見渡せるよう心がけました。

　卒対のメンバーには、「何か不安に思うことや嫌だなと思うことがあったら、いつでも私に言ってね！　なにかあったら私が嫌われ役になるから大丈夫！」と、いつも励ましていました（笑）。

Q リーダーがＴさんのような人だと、皆が安心しますよね。

　どうなんでしょうね。でも、卒対も、PTAと同様、子どもがいるからこそ、携われる活動だと思うんです。「人間関係が面倒」とか「自分の時間がさかれる」とかネガティブな声も聞かれますが、私は逆に、「こんな体験ができるのはありがたい！」って思います。ボラ

卒対経験者インタビュー vol.5　|　195

ンティア活動だからこそ、その時に集まったメンバーで、自分が楽しみながら、できることをできるだけやる。

これって、すごく魅力的だと思いませんか?

Q アルバムリーダーと委員長との両立は、大変ではなかったですか?

アルバムリーダーは「絶対やろう」と思っていたので、大変ではなかったです。卒園アルバムは、子どもたちひとりずつ制服姿の写真を撮り、それを表紙に。スペシャル感を出せたと思います。

また、保護者全員に「なぜこの園を選んだのか」「園の大好きなところは?」などアンケートをとって結果をのせたり、先生方へのインタビュー記事を掲載した「卒園新聞」も製作し、プレゼントとして配布。ママたちはもちろん、子どもたちも、とても気に入ってくれましたよ。

卒園して1週間ほどしてから、あるお子さんが、「卒園アルバムを素敵に作ってくれてありがとう! おばあちゃんにも見せるね!」と、わざわざ私に言いにきてくれた時は、嬉しくてうるうるしてしまいました。

Q 卒対委員同士のコミュニケーションはどのようにとったのですか?

ほとんどのメンバーが仕事をしていたので、基本的な連絡はLINEで行いました。「会議はできるだけしない。する時は、1時間と時間を決め、話し合うことを事前に決めておく」というルールをつくり、"オンラインコミュニケーション"が中心でしたね。さすがに卒園直前は、皆さんと数回会議を行いましたが、それぞれの時間を有効に使いながらコミュニケーションがとれたと思います。

卒園アルバム作成のための保護者へのアンケートは、「クリエティブサーベイ」というツールを利用。回答を入力してもらうだけでページの基本の枠組みができるので、とても便利でおすすめです!

いちばん忙しかった時期は？

やはり、卒園直前の1月から2月ですね。準備万端でコツコツタイプではなかったので、わわーーーっと、怒涛の2カ月でした（笑）。それでも仕事に比べたら全然ラク（笑）！ しんどい、つらいとは思わなかったです。

卒対のメリットを教えてください。卒対真っ最中の皆さんにメッセージをお願いします。

卒対委員長という肩書きで、自分のやりたいことをやりたいようにできたことと、子どもがお世話になった幼稚園に、少しでも自分たちの力で恩返しができたこと。この2つがメリットです。

先ほども言いましたが、卒対の活動は、ボランティアです。<u>自分たちが主体となって活動するのだから、他人を気にしたり、伝統を気にしたり、新しいことを拒んだりはナシ！</u>

「去年はこうだったから…」「保護者に何か言われたらどうしよう…」「他はこんなことやっていないじゃないかしら…」などとひるまず、その時のメンバーでできることを、思う存分楽しみながら取り組んでくださいね！

T.Yさん直伝！

卒対を楽しくラクに乗り切る5つのポイント

1. 自分に与えられた役割を楽しむ
2. ワーキングママが多い場合はオンラインコミュニケーションを上手に利用
3. 過去の活動にとらわれすぎない
4. 周りを気にしすぎない
5. 恩返しをするつもりで取り組む

おわりに

卒対。
「大変だった！」けど、
「やって良かった！」。

１章で紹介しましたが、
経験者へのアンケートにより、約９割の方が、このように考えていることがわかりました。

「いろいろもめて大変でしたが、謝恩会当日、子どもたちの喜ぶ顔を見たら、それまでの苦労がふきとびました」
「初めての司会体験で緊張。でも、謝恩会に参加したママから『すごくいい会だったよ。卒対おつかれさま！』と言われ、じんわりきました」
「入稿前は睡眠時間を削って作業。卒業アルバムの納品日、アルバム委員全員で飲み交わしたお酒がおいしかったです（笑）」
「卒対の活動で学校に足を運ぶうち、学校のことや先生の大変さがよくわかって勉強になりました」……etc。

　大変な思いをしたり、苦労したからこそ味わえる喜び、嬉しい気持ち。
　何よりも、「子どもの卒園・卒業としっかり向き合うことができました！」と、卒対の経験を、"子どもの成長を振り返る良い機会だった"ととらえる方が、予想以上に多かったことが印象的でした。

　卒対は、卒園・卒業を控える学年の保護者という「横のつながり」で活動します。そのため、学年の枠をとりはらって活動するPTA活動と比べると、「どんなことしてるんだろう？」
と、謎のヴェールに包まれている部分が、なきにしもあらず、だと思います。

だからこそ、「より多くの生の声を集めよう！」と、情報収集やアンケートの協力依頼、インタビュー取材など、走り回りました（笑）。
　本書を読んで、
「卒対って、こんなことするんだ。私は○○の係をやろうかな」
「謝恩会は、こんな風に準備していくのね。まずは○○を決めよう」
「卒業アルバム作りはこの時期が忙しいから、スケジュールはこう立てよう」
……など、なんらかのお役に立てることができたら、これほど嬉しいことはありません。

　本書の制作にあたり、たくさんの方々に助けていただきました。
　前著『PTA広報誌づくりがウソのように楽しくラクになる本』の読者の方からいただいた
「今度は、卒対が楽しくラクにできる本を作ってください！」というリクエストに素早く反応し、執筆の機会を与えてくれた厚有出版の金田さん、読みやすく温かいデザインを考えてくださった、デザイナーの髙見さん、アナログな私の無謀なリクエストに、いつも的確に応えてくださる信東社さん、3児の母＆卒対経験者として、リアルで楽しいイラストを描いてくださった後藤雅代さん。ありがとうございました。
　また、アンケートに答えていただいた卒対経験者の方々、インタビュー取材に応じていただいた方々に、この場をかりて、重ねて厚く御礼申し上げます。皆様のおかげで、この本が完成しました。ありがとうございました。

　卒対は、子どもの卒園・卒業を祝いつつ、わが子の成長をより実感できる活動だと思います。
　ぜひ、ご自身ができる範囲で、ポジティブに、楽しく向き合ってください！

長島ともこ

memo

読者と著者をつなぐ新時代のビジネス書 『マーチャントブックス』

Vol.1 人生もビジネスも流されていればうまくいく

Amazon本の総合売れ筋ランキング

 堂々の1位 獲得!! (2016年11月)

人生・ビジネスのステージを5段階に分け、成功をつかむための考え方や課題解決に、『二元論』を軸とした著者独自の思考法でフォーカス。今も未来も見据えながら、自由自在に世の中を生き抜くためのヒントが凝縮された1冊。

[著] 石原佳史子　[監修] 菅 智晃
A5・250ページ　定価：本体 1,800円+税

Vol.2 ず→っと売れるWEBの仕組みのつくりかた

 三冠獲得!! (2017年11月)

**売れ筋「ビジネス書」200冊ランキング
（東洋経済オンライン）4週連続ランクイン！**

「少数のメールリストでも高単価の売上を生み出す仕組みづくりのポイント」を、リサーチ・商品設計・集客〜販売の3ステップごとに、事例を織り交ぜながら解説。ゼロから始めて仕組みを育てる、王道のWEB集客術。

[著] 伊藤勘司　[監修] 菅 智晃
A5・176ページ　定価：本体 1,800円+税

シリーズラインナップ

既刊本すべて重版!

Vol.3 申し込みが止まらないブログの作り方

Amazon部門別ランキング 三冠獲得!!!（2018年12月）

Googleのアップデートを筆頭に絶えず変化を遂げるインターネット環境。その中で永続的に集客を安定させるには、〈集客の手順〉に則り段階的にブログを進化させていくことが最善の近道。

流行りのノウハウに惑わされず、どのようにブログを運用すれば●広告なし●営業活動なし●売り込みなし●過剰な演出をしたSNS投稿なしで集客・成約率を恒常的にUPできるのか？

自身の知見に基づく「集客用資産メディア」の構築法について多数の法人・個人クライアントに指導実績を持つ著者が、6つのステップで徹底解説。

〈Contents〉

Chapter 1	あなたのブログが打ち出の小づちに!? **WordPressがブロガーに愛される理由**	Chapter 4	これでライバルとの差は歴然! **資産記事を量産するリサーチワーク**
Chapter 2	「あなたがいい!」という見込み客を惹きつける **ターゲット・コンセプト・カテゴリーの関係**	Chapter 5	アクセス数に惑わされるな! **集客をリードするSEO対策と記事の書き方**
Chapter 3	あなたのブログ水漏れしていますよ! **致命的な穴に効く魔法の絆創膏**	Chapter 6	もうブログ集客で困らない! **半永続的に見込み客を呼び込む究極の「自動集客マシーン」構築メソッド**

[著] 佐藤 旭　[監修] 菅 智晃　A5・292ページ　定価：本体2,350円+税

全国の書店およびオンライン書店(Amazon、セブンネットショッピング、楽天ブックス、etc.) で好評販売中!!

関連書籍のご案内

PTA広報委員の方には こちらがおすすめ！

PTA広報誌づくりがウソのように 楽しくラクになる本

小・中学校をはじめ、PTA広報誌制作に関わるすべての人に向けた、広報誌を「楽しくラクにつくる」ことに特化したガイド。PTA広報誌を作る上でのマインド、編集会議の行い方、企画のたて方、レイアウトの基本、取材、撮影のポイント、入稿の仕方など、ケーススタデイを織り交ぜながらわかりやすく解説。

〈Contents〉

第1章	**準備編** 意外と読まれている! PTA広報誌
第2章	**企画編** 思わず手にとりたくなる PTA広報誌にする方法
第3章	**レイアウトの基本** "ぱっと見"が大切! PTA広報誌
第4章	**取材、撮影を楽しみながら 成功させるコツ**
第5章	**撮影の仕方** 学校行事の撮り方完全ガイド
第6章	**原稿の書き方** 初心者でもすぐ書ける原稿講座
第7章	完成まであとひと息! **入稿早わかり講座**
第8章	**校正・完成・配布**

[著] 長島ともこ　B5変形・144ページ　[定価] 本体1,800円+税

全国の書店およびオンライン書店(Amazon、セブンネットショッピング、楽天ブックス、etc.)で好評販売中!!

卒対を楽しくラクに乗り切る本

2019年6月9日　初版発行

編　著	長島ともこ
発行者	上條　章雄

KOYU 厚有出版　〒106-0041 東京都港区麻布台1-11-10 日総第22ビル7階
TEL.03-6441-0389　FAX.03-6441-0388
http://www.koyu-shuppan.com/

装丁・カバーデザイン	髙見　裕一（ザッソ　クリエイティブ）
カバーイラスト	mint tea
本文イラスト・マンガ	後藤　雅代
猫イラスト	英賀　千尋
DTP	信東社
印刷・製本所	法規書籍印刷
編集担当	金田　弘

©2019 Tomoko Nagashima
ISBN 978-4-906618-89-7
落札・乱丁本はお手数ながら小社までお送りください（但し、古書店で購入されたものは対象とはなりません）。
無断転載・複製を禁じます。
Printed in Japan